CON
BOOK.

Hinweis: Für einen authentischen Einblick in seine Erlebnisse und den Slackline-Sport verwendet Friedi verschiedene Begriffe, die nicht jedem Leser/jeder Leserin sofort geläufig sein könnten. Für ein besseres Verständnis haben wir ab Seite 244 alle relevanten Begriffe in einem Glossar zusammengefasst und erläutert.

© Conbook Medien GmbH, Neuss, 2023
Alle Rechte vorbehalten.

www.conbook-verlag.de
www.instagram.com/conbook_verlag

Einbandgestaltung: Birgit Kohlhaas, kohlhaas-buchgestaltung.de

Satz: David Janik, Grafik Kapiteleröffnungen (S. 32/33, S. 130/131, S. 210/211) basierend auf einer Illustration © Vaclav P3k / Shutterstock

Druck und Verarbeitung: Multiprint, Bulgarien

894570 01 23 3
ISBN 978-3-95889-457-0

FRIEDI KÜHNE

ÜBER DEM ABGRUND

Slacklinen am Limit

CON
BOOK.

»I've spent the last 2 decades of my life pursuing
the artistic expression of slackline and to know
a book was written by one of my Slacklife idols based
upon his experiences of risk, reward, community,
travel, and art; makes this book a must read.
The lessons learned and shard within these pages
will undoubtedly be as unforgettable as the history
these adventures have written in stone.«

(Andy Lewis, US Slackline-Ikone)

Inhalt

Prolog

All die krummen Pfade in meinem Leben münden in dieses schmale Band. Das ist mein Weg, den ich gehen muss, den ich gehen will, mit allen Sinnen. Jeder Muskel meines Körpers ist angespannt. Ich höre alles, ich sehe alles, ich spüre alles. Intensiver kann das Leben nicht sein. Tausende Gefühle und Gedanken bündeln sich zu einer tiefen Gewissheit, hier zwischen Himmel und Erde am richtigen Platz zu sein.

Ich atme gezielt laut aus und mache den nächsten Schritt. Perfektion ist die einzige Option, denn vom Absturz trennt mich nur ein zweieinhalb Zentimeter schmales Band. Neben mir rauschen gigantische Wassermassen in die Tiefe. 400 Meter weiter unten schlagen sie steinhart auf. Ein falscher Schritt und mir würde es genauso ergehen. Hunlen Falls, der höchste freifallende Wasserfall Kanadas, zieht einen bei zu langem Hinsehen fast auf hypnotische Art und Weise mit sich in den Abgrund. Ich fokussiere mich wieder. Eine Sicherung? Heute nicht vorhanden. Ich alleine halte mein Leben in den eigenen Händen. Ich will es so. Die in meinen Augen ultimative, höchste Form des Balancierens. Die Königsdisziplin im Slacklinen, dem Sport, der mir alles bedeutet und der mein Leben verändert hat wie nichts anderes auf der Welt. *Free Solo.*

* * *

Eine Slackline, das ist dieses dünne, wackelige Band, das man zwischen zwei Bäumen spannt und über das man dann versucht zu balancieren. In der Wahrnehmung vieler ist es nicht mehr als ein zum Trend aufgeblasener Spanngurt. Wohl kaum eine eigenständige Sportart, und schon gar kein Leistungs- oder Extremsport. Und ganz sicherlich nicht beeindruckend genug, um ein ganzes Buch darüber zu schreiben. Nur ein typischer wohlstandsverzogener Millennial könnte ernsthaft behaupten, dass Slacklinen sein ganzer Lebensinhalt sei – und darauf auch noch stolz sein.

Was soll ich sagen? Ich bin dieser Millennial. Das schmale Band ist der rote Faden meiner persönlichen Geschichte.

Auf der Slackline habe ich die Welt gesehen, Freundschaften geschlossen, die Liebe meines Lebens kennengelernt und schließlich zu mir selbst gefunden.

Ich habe durch das Balancieren Lektionen fürs Leben gelernt, allen voran, was für ein herrlich befreiendes Gefühl es ist, seine Angst zu überwinden, und wie wichtig es ist, sich Ziele zu setzen, auf die man hinarbeiten kann.

Ich wünsche mir, dass der eine oder die andere beim Nachempfinden meiner Abenteuer ein Leuchten in den Augen bekommt und vielleicht inspiriert wird, die eigenen physischen und psychischen Abgründe zu überwinden, die sich tagtäglich vor jedem von uns auftun.

Wie alles begann

Ich bin nah am Lagerfeuer aufgewachsen. Meine Kindheit war voller wilder Tage, irgendwo an einem Bachbett am Waldrand, in einen warmen Schlafsack gehüllt, mit dem Duft von Rauch in der Luft und dem Kopf in den Sternen. Mein Vater dachte sich immer neue Unternehmungen aus, um meine drei Jahre jüngere Schwester Luise und mich in die Natur zu locken. Von Schnitzeljagden über Paddeltouren bis hin zu provisorischen Seilbahnen, auf denen wir in rasantem Tempo die Waldabhänge des Jenbachtals hinunterrauschten. Alles, um mich kleinen, schüchternen Stubenhocker an die frische Luft zu bekommen.

Für mich bestand ein perfekter Tag aus Comics lesen, Fernsehen und Lego bauen. Bloß keine zu großen körperlichen Anstrengungen. Glücklicherweise drängten meine Eltern mich immer wieder, mit ihnen auf Bergtouren oder zum Skifahren zu gehen. Spätestens mit dem Trampolin zum zehnten Geburtstag, auf dem ich ganze Tage und halbe Nächte verbrachte, wurde eine der wichtigsten Weichen für meine Liebe zur Bewegung durch die Luft gestellt.

Als mit 14 oder 15 Jahren die Muskeln langsam anfingen zu wachsen und es cool wurde, mit Gleichaltrigen zusammen waghalsige Stunts zu machen, übertrugen wir unsere krummen Saltos vom Trampolin auf Parkbänke, Mauern und sogar Telefonzellen. Wir kletterten auf alles, was sich finden ließ, und sprangen überall, wo es ging, auch wieder runter. Parkour und Freerunning nannte sich das. Explosiv, verwegen und irgendwie rebellisch.

So hatte mich ein durchaus positiver Gruppenzwang nach draußen in die Welt befördert, doch der kleine, ehemalige Stubenhocker war – ohne es zu wissen –immer noch auf der Suche.

Mit 17 Jahren schließlich entdeckte ich über meine Klassenkameraden Julian und Julius das Klettern am Felsen. Weniger zerstörerisch, mehr in der Natur. Ein Höhenrausch, ein ordentliches Krafttraining mit toller Aussicht und mit nicht wenigen coolen Mädels, die genauso tickten. Und da waren sie auf einmal wieder, die Nächte im Schlafsack und am Lagerfeuer. Das gefiel mir.

Doch eine letzte Dimension der Bewegung durch den Raum fehlte noch.

Mit 18 Jahren stieg ich während eines Kletterurlaubs am Gardasee das erste Mal auf eine fünf Meter kurze Slackline.

Es war furchtbar. Meine Beine fühlten sich an wie Wackelpudding und das Ding wollte einfach nicht aufhören zu zittern. Egal, wie viel ich mit den Armen durch die Luft fuchtelte oder die Oberschenkel anspannte, nach wenigen Sekunden kippte ich immer herunter. Es machte mich wahnsinnig.

Zu meinen Freunden, die das Slacklinen damals schon relativ gut beherrschten, sagte ich voller Neid: »Das ist ja auch kein richtiger Sport, das ist doch nur ein vorübergehender Trend. Was wollt ihr also alle mit eurer dämlichen Slackline?«

Woher sollte ich auch wissen, dass dieses dumme dünne Band eines Tages mein ganzes Leben einnehmen würde? Und doch passierte genau das.

Mein anfänglicher Frust verwandelte sich immer mehr in Trotz. Ich wollte nicht einsehen, dass diese Slackline mich immer wieder abwirft. Ich wollte der Stärkere sein, ich wollte dieses Band unbedingt bezwingen, wollte dem Ding zeigen, wer der Boss ist.

Und siehe da: Irgendwann machte ich Fortschritte! Zehenspitze für Zehenspitze kam ich dem anderen Ende der mickrigen Campingplatz-Line näher. Nach Hunderten Versuchen schaffte ich es endlich, meine erste Slackline durchzulaufen – und das war ein wahres Hochgefühl. Besser als der erste Salto auf dem Trampolin und besser als am Ende einer schweren Kletterroute anzukommen. Vielleicht sogar besser als so mancher Weltrekord Jahre später.

Schlagartig war ich süchtig. Ich wollte mehr von diesen Erfolgserlebnissen, diesem Gefühl der Kontrolle, des selbstsicheren Schwebens über dem Boden. Ich hatte schon immer einen Hang zum Exzessiven. Wenn mir etwas Spaß machte, dann liebte ich es und konnte nicht genug davon kriegen. Wenn ich etwas nicht mochte, verabscheute ich es gleichsam. Als kleiner Junge baute ich ununterbrochen Lego, später spielte ich nächtelang Computer, was mich irgendwann sogar meine erste Beziehung kostete.

Aber mit dem Balancieren war es anders. Hier wurde jede Minute, die ich mich dieser positiven Sucht hingab, mit mehr Selbstbewusstsein und einem bleibenden Glücksgefühl belohnt. Während all die anderen Hobbies, die ich bis dahin ausprobiert hatte – von Skateboarden über alle möglichen Musikinstrumente bis hin zu Fußball- und Basketball – mich nicht lange begeistern konnten, fühlte ich beim Slacklinen zum allerersten Mal: »Das ist mein Ding. Dabei bleibe ich.«

Meine erste Highline ging über die gute alte Wolfsschlucht in der Nähe von Rosenheim, unserem Homespot, wo meine Freunde und ich sowie ein großer Haufen talentierten Nachwuchses auch heute noch, 13 Jahre später, regelmäßig trainieren. Damals war es allerdings noch kein so entspanntes Vergnügen. Kaum tat sich unter mir der Abgrund auf, wollte mein Körper nicht mehr auf mich hören. Ich war schweißgebadet vor Angst, blass im Gesicht und schaffte keinen einzigen Schritt in der Höhe, obwohl ich dieselbe Distanz, ungefähr 20 Meter, knapp über dem Boden schon laufen konnte.

Meinen Freunden ging es genauso, selbst den erfahrenen Kletterern Julian und Julius. Aber wieso eigentlich? Es konnte doch faktisch nichts passieren. Wir waren gesichert, trugen unseren Klettergurt und unsere Leash. Nach jedem mini-bungee-jump-artigen Sturz ins Sicherungsseil, von denen wir nicht wenige hatten, mussten wir uns einfach nur wieder hochziehen. Zumindest ist das meistens so mit der Sicherung – aber dazu später mehr.

Warum hatten wir also solche Angst? Nun ja, dieses eher neuartige Konzept des Sicherungsseils muss man erstmal seinem Kopf erklären. Der Kopf sieht einfach nur einen Abgrund und lässt sofort alle Alarmglocken läuten. Und das ist eigentlich gut so. Angst hat schließlich einen Jahrmillionen alten, evolutionären Sinn, sie warnt uns und hält uns davon ab, zu große Risiken einzugehen. Gleichzeitig mobilisiert sie ungeahnte Kräfte, sei es zur Abwehr oder zur Flucht. Bei jedem Menschen sind die natürlichen Urängste unterschiedlich stark ausgeprägt.

Ich für meinen Teil habe wahnsinnige Angst vor weitem Wasser oder Tauchen in der Tiefe. Die Vorstellung, ich müsste auf offenem Meer von einem Boot nur zehn Meter weit zu einem anderen schwimmen oder gar unter einem Boot durchtauchen, lässt mir eiskalte Schauer den Rücken herunterlaufen.

Genauso habe ich mich auch bei meiner ersten Highline gefühlt.

Also haben wir uns mit kühler Logik gegenseitig immer wieder klargemacht, dass die Gefahr nur im Kopf stattfindet, und haben uns gegenseitig angefeuert, was das Zeug hält. Was mir immer am meisten geholfen hat, waren simple, praktische Tipps, die mir erfahrenere Slackliner vom Rand der Schlucht aus zugerufen haben: »Arme hoch! Blick nach vorne! Geh mehr in die Knie!«

Und dann waren da noch meine vielen Selbstgespräche auf der Line, bei denen ich mich teilweise sogar angelogen habe: »Es ist alles gut. Reiß dich zusammen. Es ist eine ganz normale Slackline. Du bist im Park, einen halben Meter über dem Boden. Es gibt keinen Grund zu fallen. Es gibt keinen Abgrund.«

Es hat gedauert, doch nach vielen Versuchen haben wir es letztlich geschafft, die ersten Schritte auf unserer ersten Highline zu absolvieren. Danach ist es natürlich nicht bei ein paar Schritten geblieben.

Die Inntal-Gang

Wer im Slacklinen Fortschritte machen will, der schafft dies meistens nur durch das Lernen von und den Wettkampf mit anderen. So hätte ich vielleicht auch bei meiner mickrigen Campingplatz-Line irgendwann aufgegeben, wenn ich nicht gesehen hätte, wie meine Kumpels schon mühelos darüber spazierten, und mir eine innere Stimme zugeflüstert hätte:»Das kannst du bald genauso gut. Vielleicht noch besser.«

Ich wäre heute nicht da, wo ich bin, wenn ich nicht im Laufe meiner Slackline-Karriere viele unglaublich talentierte und inspirierende Persönlichkeiten kennengelernt hätte, von denen einige heute zu meinen besten Freunden zählen. Allen voran sind hier Alex Schulz, Julian Mittermaier, Lukas Irmler, Valentin Rapp, Pablo Signoret, Mia Noblet und Spencer Seabrooke zu nennen, die mir schon immer vorgelebt haben, dass auf der Slackline nichts unmöglich ist.

Alex Schulz traf ich zum ersten Mal am Floriansee in der Nähe unser beider Heimatstadt Rosenheim. Ich muss ungefähr 19 Jahre alt gewesen sein, entweder kurz vor oder nach meinem Abitur, mit nur wenigen Monaten Slackline-Erfahrung unter dem Gürtel, als ich dort etwas wahrhaft Außergewöhnliches erspähte: Jemand hatte eine

Waterline ganze 60 Meter lang quer über die Bucht aufgebaut! Das war in der damaligen Slackline-Welt gigantisch!

Ich war bereits Waterlines von maximal 15 Metern Länge balanciert, hatte aber keine Ahnung, wie man solch eine lange Strecke aufbauen könnte. Ich wusste auch nicht, wer das Material dazu haben, geschweige denn so weit balancieren könnte.

Aber Alex war anders als meine Kletterkumpels, von denen ich damals das Slacklinen gelernt hatte. Für ihn war das nicht nur ein nettes Spielzeug zum Angeben. Nein, er war damals genau wie ich völlig süchtig nach Slacklinen. Mehr noch, er hatte von Anfang an den Traum, immer weiter zu balancieren bis hin zum Slackline-Weltrekord. Und dafür trainierte er leidenschaftlich und mit Plan.

Wir freundeten uns schnell an und ich lernte wahnsinnig viel von ihm, vor allem über den Aufbau von Longlines und das komplizierte Handling von Flaschenzügen. Auch jenseits des schmalen Bandes kamen wir einfach gut miteinander zurecht, gingen bald auf das eine oder andere Reggae-Konzert in Rosenheim und brachen gemeinsam zu meinen ersten Slackline-Festivals auf.

Das Coole war, dass sich unsere Slackline-Stile wunderbar ergänzten. Frisch vom Trampolin kommend war ich noch hauptsächlich auf das Tricklinen fixiert, die Variante des Slacklinens, bei der man auf einem fest gespannten, extra elastischen Band die irrsten akrobatischen Tricks und Sprünge macht. Mit Anfang 20 träumte ich ununterbrochen davon. Ich übte es, so viel ich konnte, anfangs jeden Nachmittag nach der Schule, dann nach dem Zivildienst und schließlich nach der Uni im Englischen Garten. Der Tag, an dem ich meinen ersten Rückwärtssalto und meinen ersten Buttbounce auf der Slackline landete – es war tatsächlich beides am selben Tag – war zum damaligen Zeitpunkt wahrscheinlich der schönste Tag meines Lebens.

Alex hingegen wollte einfach immer längere Strecken balancieren, bis hin zum Slackline-Weltrekord. Er war das ultimative Longline-Talent. Und so sahen wir uns zumindest früher nie als Konkurrenten.

Wenige Wochen später lernte ich über Alex beim Tricklinen am selben See zwei weitere große Slackline-Talente kennen: Valentin Rapp und Julian Mittermaier. Die zwei sind absolute Sportskanonen. Bergsteigen, Klettern, Skifahren, Mountainbiken, Schwimmen, Turnen, Tennis – es gibt nichts, was sie nicht irgendwann mal auf mindestens fortgeschrittenem Niveau betrieben hätten. Kein Wunder, wenn man in Brannenburg im wunderschönen Inntal südlich von Rosenheim aufwächst. Diese Burschen hatten die Berge schon immer vor der Haustüre und wurden von klein auf von ihren Eltern dazu angeregt, sie zu erkunden. Beide sind etwa ein Jahr jünger als ich und aus meiner Slackline-Geschichte nicht wegzudenken – und ich wahrscheinlich aus der ihren ebenso wenig.

Wenn ich von Julian etwas gelernt habe, dann ist es, dass keine Slackline lange frei bleiben darf. Man muss kostbare »Linetime« nutzen. Witzige ist: Er sagt heute, er habe dasselbe von mir gelernt. Genauso wie das laute Sieges-Rülpsen am Ende jeder neu begangenen Highline.

Vale war schon immer nicht nur ein talentierter Slackliner, er hatte auch schon in jungen Jahren ein irres Gespür für die besten Fotos und schnitt unsere ersten Slackline-Videos.

Ebenfalls über Alex lernte ich eines Tages beim Longlinen die letzte große deutsche Slackline-Persönlichkeit kennen, die mir in meinem Freundeskreis noch fehlte und von der ich vielleicht über all die Jahre hinweg am meisten gelernt habe: Lukas Irmler.

Der heute 35-jährige Freisinger lief schon im Jahr 2011 über 200 Meter lange Longlines, und genau dabei sah ich ihn auch zum ersten Mal. Alex und er hatten auf einer Wiese in Rosenheim eine 250 Meter lange Line aufgebaut – zu diesem Zeitpunkt der Polyester-Slackline-Weltrekord.

Ich vermochte mir damals noch nicht mal vorzustellen, solche Distanzen eines Tages selbst laufen zu können. Das Ding war auch irgendwie furchteinflößend. In nur zwei Metern Höhe gespannt, mit einem schweren Kettenzug auf gute zwei Tonnen angeknallt! Das wäre heute, da wir endlich verstanden haben, dass es mit weniger Spannung einfacher geht, undenkbar! Damals sind nicht selten mal Lines gerissen, Gott sei Dank nicht an jenem Tag.

Lukas war ein Allrounder. Wie ich nahm er an Trickline-Wettbewerben teil, war aber auch schon immer ein begeisterter, topfitter Kletterer. Heute ist er nahezu ununterbrochen in den Bergen unterwegs – wenn er nicht gerade dabei ist, auf einer Slackline eine Minute lang einen Handstand zu halten. Ich denke, es versteht sich von selbst, dass auch wir zwei nicht selten miteinander konkurriert haben, aber ich glaube, bei niemandem war der freundschaftliche Wettbewerb so förderlich wie bei uns. Jahrelang haben wir immer wieder zusammen neue Weltrekorde aufgestellt oder sie uns innerhalb kürzester Zeit gegenseitig abgejagt. Und es war Lukas, mit dem ich einige meiner schönsten, unvergesslichsten Highlines geschafft habe.

Es war einfach großes Glück, dass wir uns alle in genau dem Alter kennenlernten, in dem sich die schulischen Verpflichtungen dem Ende zuneigen und man den Drang verspürt, die Welt zu entdecken und sich zu beweisen. Das Slacklinen selbst war als Sportart ebenfalls noch sehr jung, und so war es schon eine absolute Seltenheit, überhaupt jemanden zu finden, der diese exotische Bewegungsform so ernst nahm wie wir. Das schmale Band verband uns auf Anhieb mehr als es wohl je ein Fußball-, Turn-, oder Musikverein es geschafft hätte.

* * *

Im Jahr 2012 kam die gesamte Inntal-Gang an unserem Hausberg, dem 1858 Meter hohen Wendelstein zusammen und riggte zum ersten Mal die Wendelstein-Highline – bis heute der absolute Klassiker unter den Lines im Inntal und Ort etlicher Filmdrehs und Fotoshootings. Mit 70 Metern Länge war sie damals ein neuer persönlicher Rekord für mich, und eine riesige Herausforderung. Bretthart gespannt mit fast einer Tonne, auf schwerem Low-Stretch-Polyester. Das Ding hat gezittert und um sich geschlagen wie ein Aal, wollte einen einfach nur abwerfen.

Nach etlichen Versuchen schaffte ich die Line am zweiten Tag. Alex und Julian hatten mich damit inspiriert, wie sie es auf diesem zitternden, wabbelnden Monster schafften ruhig zu bleiben und kontinuierlich einen Schritt nach dem anderen zu setzen, um die Line mit »Micro-Bounces« unter Kontrolle zu halten. Das wollte ich unbedingt auch schaffen.

Acht Jahre später ergänzten wir den Wendelstein um eine 500 Meter lange Highline, in Sichtweite des alten 70-Meter-Klassikers. Mit Begehung der Line gelang uns nicht nur ein neuer deutscher Slackline-Rekord, sondern es war auch ein wunderschönes und nostalgisches Wiedererleben unserer Anfänge als Team.

Free Solo

Klettern oder Highlinen ohne Sicherung. Warum tun Menschen so etwas? Diese Frage lässt sich kaum zufriedenstellend beantworten. Die meisten Extremsportler sind sich einig: Jemand, der es selbst nicht macht, wird es möglicherweise nie nachvollziehen können. Bei meinen Vorträgen spiele ich mit dem Publikum manchmal folgendes Teambuilding-Spiel: Man lässt sich rückwärts fallen und wird von seinem Partner, den man nicht sieht, aufgefangen. So wird schnell gegenseitiges Vertrauen aufgebaut.

Free-Solo-Highlinen ist so, wie wenn man dieses Spiel mit sich selbst spielt. Man lässt sich fallen, steht aber gleichzeitig hinter sich und fängt sich immer wieder auf. Wem sollte man auch mehr vertrauen als sich selbst?

Aber natürlich wacht kein Slackliner, der sonst immer mit Leash gelaufen ist, eines Tages auf und denkt sich: »So, heute laufe ich meine erste Free-Solo-Highline, am besten gleich 100 Meter hoch.«

Im Gegenteil: Das Ganze ist ein jahrelanger Prozess, der bei mir in ganz kleinen Schritten angefangen hat. Nach der Uni balancierte ich über den Eisbach in München, erst mit Klamotten, dann mit dem Handy in der Hand, schließlich mit einem Rucksack voller Uni-Unterlagen auf dem Rücken. Dann höhere Waterlines, 10 Meter über dem Wasser. Eine absolut beängstigende Vorstellung, dort herunterzufallen, aber nicht tödlich. So lernte ich, trotz des Drucks ruhig zu bleiben. Nicht, weil ich eines Tages einen Free-Solo-Highline-Weltrekord aufstellen wollte – so etwas lässt sich nicht planen oder vorhersehen –, sondern, weil es sich gut anfühlte, eine Konsequenz zu akzeptieren und auf mein Können zu vertrauen.

Als Julian, Lukas und ich im Highlinen immer besser wurden und von kurzen Lines einfach nicht mehr herunterfielen, begannen wir allerlei unsinnige Spielereien mit der Sicherung: Statt des Klettergurtes banden wir uns das Sicherungsseil um die Beine, um die Hand, um den Bauch, ein sogenannter »Swami-Gurt« – das sind Varianten, bei denen ein Sturz große Schmerzen, möglicherweise Verletzungen verursacht, aber nicht den Tod. Für Nicht-Slackliner ist es wichtig zu verstehen, dass ein Sturz auf einer Highline nicht unbedingt einen Sturz in die Tiefe bedeutet. Gut trainierte Slackliner halten sich meist mit Armen und Beinen an der Line fest, wenn sie das Gleichgewicht verlieren. Diesen Reflex habe ich jahrelang gezielt trainiert.

* * *

Ich will nun die Chronologie etwas aufbrechen und das wahrscheinlich prägendste Abenteuer meiner ganzen Slackline-Karriere vorwegnehmen. Dadurch werden dann all die Stationen auf dem Weg dorthin besser verständlich sein.

Also: Auf zu einem kleinen Abstecher durch einen Zeittunnel nach Kanada.

Mein erster Free-Solo-Highline-Weltrekord

D ude, *I found a spot that's gonna blow your mind*«, waren Spencers Worte, als er mir zum ersten Mal von den Hunlen Falls erzählte.

»*Count me in*«, war meine sofortige Antwort. Spencer ist etwa in meinem Alter und lebt in Britisch-Kolumbien, Kanada. Er ist nichts weniger als die vollendete Verkörperung des freiesten Slackliner-Lebens, das es geben kann. Ein faszinierender Typ, den ich später noch genauer vorstellen werde.

Die Einladung bekam ich Anfang 2016, nur wenige Monate, nachdem eben dieser Spencer auf dem Stawamus Chief in Squamish nahe Vancouver seinen Free-Solo-Highline-Weltrekord von 64 Meter Länge aufgestellt hatte. Seine Begeisterung für die Hunlen Falls, den höchsten freifallenden Wasserfall Kanadas, schwappte sofort auf mich über.

Fotos offenbaren uns senkrechte, 400 Meter hohe, furchteinflößend-dunkelgraue Felswände, die sich halbkreisförmig vom Wasserfall aus nach und nach in eine immer breiter werdende, atemberaubend tiefe Schlucht verwandelten. Google Maps verriet uns, dass wir dort wahrscheinlich etliche Highlines von 60 bis mindestens 300 Meter Länge aufbauen könnten, ohne dabei viel klettern oder marschieren zu müssen. Das reinste Paradies!

Und auch wenn ich zu diesem Zeitpunkt schon im »Free Solo Modus« war, hätte ich vorher nicht zu träumen gewagt, was ich dort machen würde.

Aber was bedeutet das, im »Free Solo Modus« zu sein? Obwohl ich noch mitten im Lehramtsstudium steckte, war Slacklinen für mich das Tagesprogramm. Ich trainierte unter der Woche jeden Nachmittag auf Longlines im Park und ging jedes Wochenende und in allen Semesterferien Highlinen. Nachts vor dem Einschlafen dachte ich immer schon an die nächste höhere, längere Highline.

Außenstehende hätten wohl gesagt, dass ich mich auf einem wackeligen Band in der Höhe wohler fühlte als auf festem Grund. So wohl, dass ich sogar hin und wieder ohne Sicherung drüber balancierte. Allerdings gab es kaum Beweise für meine kontroverse Leidenschaft. Im Gegensatz zu heute vermied ich damals Zuschauer, Fotos und Videoaufnahmen von Free-Solo-Begehungen. Ich wollte einfach ausschließlich mir selbst beweisen, dass ich es kann, und jede potentielle äußere Einwirkung auf mein Ego im Keim ersticken.

Nur ganz wenigen, eng vertrauten Freunden gestattete ich es, dabei zu sein. Dazu gehörten Lukas und Vale, die sofort begeistert waren von der Idee, in den Sommerferien einen einmonatigen Slackline-Trip nach Britisch-Kolumbien zu unternehmen.

Also flogen wir Anfang August 2016 nach Vancouver, um dort Spencer, Mia Noblet und den Rest der SlacklifeBC-Crew zu treffen. Mia ist eine französisch-kanadische ehemalige Profi-Eisschnellläuferin, die mit damals 21 Jahren ein enormes Talent für das Slacklinen an den Tag legte, sich auf Highlines aber noch relativ unwohl fühlte. Heute zählt sie zu den besten Slacklinern der Welt und hat etliche Male den »Female Slackline World Record« gebrochen, bis sie schließlich als erste Frau mit den Männern einen gemeinsamen Rekord lief. Heute gibt es die separaten Kategorien nicht mehr.

Nachdem wir in Vancouver angekommen waren, mussten wir für so eine phänomenale Location wie die Hunlen Falls erst einmal knapp 900 Kilometer weit Richtung Norden fahren. Am Nimpo Lake angekommen, begann das eigentliche Abenteuer. Dort charterten wir in Stewart's Lodge ein Wasserflugzeug, zu den Hunlen Falls führen keine Straßen. Man hat also die Wahl: Entweder man wandert drei Tage auf winzigen Pfaden durch »Grizzly Country« oder man nimmt die Abkürzung mit dem Wasserflugzeug.

Wenn man über eine Tonne Slacklineband, Seile, Kamera- und Campingausrüstung mitschleppen muss, fällt einem diese Wahl nicht gerade schwer. Für mich war es der erste Flug mit einem Wasserflugzeug. Eigentlich sind es dieselben Abläufe wie bei einem normalen Kleinflugzeug, nur dass unter einem eben kein Rollfeld liegt, sondern ein See. Wenn man dann kurz vor dem Abheben mit über 100 km/h über das Wasser rauscht, kommt man nicht umhin, die Technologie und den Piloten zu bewundern.

Während des Fluges klappte mir dann aber erst so richtig die Kinnlade herunter. Ich hatte davor schon öfter das Wort »Wildnis« verwendet, aber bis zu diesem Zeitpunkt offenbar noch nie wirklich gerechtfertigterweise. Unter uns tat sich die weiteste, einsamste und unberührteste Landschaft auf, die ich je gesehen hatte. Sobald Stewart's Lodge am Horizont hinter uns verschwand, sahen wir kein Zeichen mehr von Zivilisation. Nur Seen, Sümpfe, dunkelgrüne Nadelwälder, soweit das Auge reichte, und am Horizont gigantische Bergketten, deren Gipfel noch mit Schnee bedeckt waren.

Spencer und ich hatten das Glück, vorne neben dem Piloten zu sitzen, und kamen aus dem Staunen und Grinsen kaum mehr heraus. Das Ganze erreichte seinen Höhepunkt, als wir nach etwa 25 Minuten Flugzeit vor uns ein scheinbar kleines, aber irgendwie immer größer werdendes Rinnsal entdeckten. Bevor jemand seine Vermutung aussprechen konnte, enthüllte der Pilot, was wir da in der Ferne sahen: »*That's Hunlen Falls, guys. Take a good look at it.*«

Als sich die vor dem Wasserfall liegende, gigantische Schlucht immer klarer abzeichnete, wurde uns bewusst, an was für einer unfassbaren Location wir angekommen waren. Die tosenden Wassermassen des Turner Lake stürzen über 400 Meter über schroffe Felskanten in die Tiefe.

Noch im Flugzeug begannen wir, über die möglichen Highlines zu spekulieren, die wir dort so bald wie möglich aufbauen würden. »*The stoke was high*«, sagte Spencer später über diesen Moment.

Nachdem wir auf dem flussaufwärts gelegenen Turner Lake, der auch die Falls speist, gelandet waren und all unser Equipment über einen kleinen Steg entladen hatten, verschwendeten wir keine Zeit damit, unser Camp aufzuschlagen: Spencer, Michael (den ich in Vancouver ein Jahr zuvor kennengelernt hatte) und ich sprinteten sofort los zum Wasserfall. Während wir auf einem kleinen Pfad im Wald an einigen Schildern mit der Aufschrift »*Danger! Stay away from the edge!*« vorbeiliefen, wurde das Tosen des Wasserfalls immer lauter.

An einer kleinen natürlichen Aussichtsplattform neben dem Wasserfall war es schließlich so laut, dass wir uns gegenseitig kaum mehr hören konnten, und die Luft war so feucht, dass binnen Sekunden alles nass wurde.

Der Anblick allerdings war mehr als atemberaubend. Unmengen an Wassermassen, die von einem etwa 50 Meter breiten und bis zum letzten Moment relativ ruhig dahinfließenden Fluss aus abrupt 400 Meter in die Tiefe stürzen. Es ist ein faszinierender Anblick, der die schöne und doch zerstörerische Gewalt der Natur brutal vor Augen führt. Von weitem gleichmäßig anmutend und im Detail doch chaotisch. Eine Demonstration der Schwerkraft, die einen beinahe auf hypnotische Art und Weise in die Tiefe ziehen will.

Vorsichtig robbten wir auf dem Bauch bis zur Kante, warfen einige Steine hinunter und versuchten, die Zeit zu zählen. Ohne Erfolg. Nach 10 Sekunden konnten wir die Steine nicht mehr sehen und ein Aufprall war nicht zu hören. 400 Meter freier Fall.

Über das Dröhnen des Wasserfalls hinweg machte sich stattdessen ein anderes Geräusch bemerkbar: Das Wasserflugzeug in einigen hundert Metern Höhe über uns, auf dem Rückweg zum Nimpo Lake. Erst als es am Horizont verschwand, wurde uns langsam klar, wie einsam und abgelegen es hier wirklich war. Für die nächsten zehn Tage würden wir ganz alleine mit dem Wasserfall sein. Kein Handyempfang, kein Internet.

Auf dem Rückweg zum Camp waren wir deutlich ruhiger, blieben nah zusammen, sprachen sachlich über die nächsten Pläne, wohlwissend, dass uns der Pilot nochmal mit Nachdruck daran erinnert hatte, bei jedem Verlassen des Camps unser Bärenspray mitzunehmen.

Die nächsten Tage verbrachten wir mit dem Aufbau und der Begehung dreier spektakulärer neuer Highlines: 72 Meter lang, unmittelbar vor dem Wasserfall, 170 Meter lang, etwa 100 Meter weiter entfernt, und 270 Meter lang, nochmal so weit entfernt.

Um eine Slackline über eine Schlucht aufzubauen, die man nicht durchqueren kann, muss man zunächst mit einer Drohne eine Angelschnur hinüberfliegen. Anschließend zieht man an der Angelschnur eine etwas stärkere, meist 2–4 Millimeter breite Reepschnur herüber, und daran dann meist die eigentliche Slackline. Ein Unterfangen, bei dem Teamwork, Geduld und Vertrauen gefragt sind. Glücklicherweise hatten wir mit Vale und Levi Allen nicht nur zwei hervorragende Kameramänner, sondern auch zwei erfahrene Drohnenpiloten dabei – und so hingen bereits am Abend des zweiten Tages alle unsere drei Highlines.

Es ist schon interessant, was Höhe mit einem macht. Auch wenn man Distanzen von 70 bis 300 Meter schon etliche Male gelaufen ist, so fühlt es sich doch in einer so neuen Umgebung auf einmal ganz anders an. Es macht einen Unterschied, ob man 50 Meter unter sich den Boden sieht und sich an klaren Konturen um sich herum orientieren kann oder ob man 400 Meter hoch in der Luft schwebt und rein gar nichts mehr vom Boden erkennt. Wenn dann noch unmittelbar neben einem lautstark Wassermassen in die Tiefe fallen, löst das auch bei erfahrenen Highlinern wie Lukas, Spencer oder mich einen ordentlichen Adrenalinrausch aus – selbst mit Sicherung und dem Wissen, dass eigentlich nichts passieren kann.

Abends am Lagerfeuer sprachen wir über diese Erfahrungen und machten uns gegenseitig immer mehr Vorfreude auf den nächsten Tag. Am Lagerfeuer war es auch, dass ich zum ersten Mal spürte, dass ich auch hier, an diesem ohnehin schon spektakulären Ort, die in meinen Augen reinste und höchste Form des Balancierens ausüben wollte: eine Free-Solo-Begehung. Vielleicht, gerade weil es ein Ort war, der einem Angst machte.

Mein persönlicher Free-Solo-Rekord waren bis dahin etwa 60 Meter Länge in gut 50 Metern Höhe, womit die 72-Meter-Line unmittelbar vor dem Wasserfall in Reichweite war. In Sachen Höhe und Exponiertheit war es aber ein völlig anderes Level. Dass es auch ein neuer Weltrekord sein würde, hatte ich nicht auf dem Schirm. Es ging mir darum, etwas Großes, Neues im Slacklinen zu machen, etwas Besonderes an einem besonderen Ort, auf das ich wirklich stolz sein konnte. Und wenn ich ehrlich bin, ging es mir auch einfach darum, meine Sucht zu befriedigen.

An den darauffolgenden Tagen verbrachte ich nach ein paar Begehungen der längeren Bänder die meiste Zeit auf der 72-Meter-Highline. Ich surfte, bouncte und machte alle nur erdenklichen Tricks. Ich übte das Catchen, stürzte mich aber auch ein paar Mal mit voller Wucht in die Leash, um maximale Last auf die Ankerpunkte zu bringen und so zu sehen, ob irgendetwas wackeln würde.

Schließlich lief ich etliche Male langsam, ruhig und konzentriert auf der Line hin und her, ohne Tricks. Letzteres war eher ungewöhnlich und fiel meinen Freunden sofort auf. »*Something was in the air*«, sagte Lukas später in einem Interview.

Irgendwann kam Levi auf mich zu und fragte: »*Friedi, are you planning to do something special today, and if yes, may I film it?*«

Das Free-Solo-Thema war intensiv für uns alle. So sehr, dass wir, solange eine potentielle Begehung noch nicht entschieden war, nicht offen darüber sprechen konnten. Der Druck wäre zu groß für mich gewesen, und ich wollte nach wie vor 100 % sichergehen, dass alle Motivation für dieses Unterfangen nur von meinem innersten Selbst kam. Da mir aber gleichermaßen bewusst war, dass ein Free Solo an den Hunlen Falls echte Slackline-Geschichte sein würde, und ich es selbst bereuen würde, kein einziges Bild davon zu haben, gestattete ich es meinen Freunden, mich zu filmen. Solange sie sich im Hintergrund halten würden und ich davon nichts mitbekommen würde.

Am fünften Tag war es so weit. Ich fühlte mich gut, war richtig eingelaufen, aber noch nicht erschöpft vom vielen Training. Wir verbrachten den Morgen mit einer intensiven Yoga-Session auf einem kleinen Steg am See, während einer kurzen Meditation am Ende begann ich mit der Visualisierung des bevorstehenden Ereignisses. Ich sah mich selbst vor geschlossenen Augen ohne Sicherung über die Line balancieren, und zwar mit perfekten gleichmäßigen Bewegungen, ohne Mühe und mit einem Lächeln im Gesicht.

Dann machten wir uns auf den Weg zum Wasserfall. Nachdem ich die Line noch drei bis vier Mal ruhig hin und hergelaufen war, legte ich ohne zu zögern meinen Gurt ab, sagte zu meinen Freunden am Ankerpunkt »This is it« und begann auf der Line sitzend zur Kante der Klippe zu rutschen.

Ich hatte mir beim Aufwärmen davor schon Kopfhörer mit Musik in die Ohren gesteckt, da ich merkte, dass das Dröhnen des Wasserfalls einfach zu extrem war, und ich einen stetigen Rhythmus haben wollte, der meine gleichmäßigen Schritte über die Line tragen würde. Als ich mich also wohl genug fühlte, die Progressive-Psy-Trance-Musik lief und ich körperlich sowie geistig zu hundert Prozent in diesem Moment und an diesem Ort angekommen war, stand ich auf und balancierte los.

Die darauffolgenden zehn Minuten zählen sicherlich zu den intensivsten meines ganzen Lebens und vergingen doch wie im Flug. Ich war komplett im Flow, die Vergangenheit und die Zukunft hatten aufgehört zu existieren. Sogar mein Ego begann sich aufzulösen, fast wie in einem Drogenrausch. Ich bestand nur noch aus meinem gleichmäßigen Atmen und dem Zusammenspiel aus den Schwingungen der Line und meiner weichen Balance-Bewegungen.

Ich ging deutlich langsamer als mit Sicherung, setzte aber doch stetig einen Fuß vor den anderen. Ohne großartig darüber nachzudenken, war ich über die Mitte gekommen, als sich ein kleiner Bruch in meinem Flow abzeichnete. Ich wusste von den vergangenen Begehungen, dass mir das letzte Viertel, die Meter kurz vor der gegenüberliegenden Kante, am schwersten fallen würde. Hier war ich bei längeren, technisch anspruchsvolleren Lines nicht selten gestürzt: wenn das Ende zum Greifen nah war. Also zwang ich mich, noch langsamer und vorsichtiger zu gehen.

Ich begann mein inneres, gedankliches Mantra abzuspielen: »Du bist gerade erst losgelaufen. Jeder Schritt ist wie der erste. Du wirst weitergehen. Du hast die Kontrolle über die Slackline. Sie kann dich nicht abwerfen. Du bist schon viel schwierigere Lines gelaufen ...«

Meine Begehung wurde am Ende auch tatsächlich etwas wackeliger, ich ließ mich aber nicht beirren und von meiner regelmäßigen Atmung durch die schwiergen Momente tragen. Der Flow war zurück.

Auf einmal war ich – ohne es zu merken – über die Kante balanciert, hatte wieder Waldboden unter meinen Füßen und zwei Meter vor mir den Baum, an dem die Slackline endete. Langsam und vorsichtig ging ich in die Hocke und stieg von der Line ab. Erst, als meine Füße den Boden berührten, platzte der eindringlichste, animalischste und ehrlichste Freudenschrei aus mir heraus, den ich je von mir gegeben hatte.

Ich wurde überflutet von Euphorie und Dankbarkeit dafür, am Leben zu sein, an diesem Ort zu sein, ich selbst sein zu dürfen. Kein Videospiel, kein Film, kein Comic und kein Buch kann solch eine Intensität an Lebensenergie vermitteln, oder auch nur eine Ahnung davon erwecken. Stubenhocker ade.

Ich hatte es geschafft. Dies war damit nicht nur die weltweit längste Free-Solo-Highline-Begehung und von allen ungesicherten Rekorden der mit Abstand höchste, es war auch das erste Mal, dass ich mich von jemandem bei einem Free-Solo-Walk filmen ließ.

Am abendlichen Lagerfeuer wurde mir bewusst, wie wichtig mir diese Disziplin geworden war, wie viel Vertrauen mir meine Freunde entgegengebracht hatten. Und vor allem ich mir selbst. Als dann zu guter Letzt auch noch Spencer mit Freude anerkannte, dass die Länge von 72 Meter in der Tat seinen alten Weltrekord überbot, traf ich endlich die Entscheidung, dass ich meiner Slackline-Welt davon erzählen würde.

Die folgenden Kapitel sind dieser Slackline-Welt und meinem Weg durch sie gewidmet.

Zurück also durch den Zeittunnel ins Jahr 2014, als ich mich noch überwiegend als Trickliner identifzierte und von Highline-Weltrekorden noch nicht einmal zu träumen wagte.

DER
WESTEN

Das Auslandsjahr

Die Ankunft

Am 25. August 2014 begann eines der größten Abenteuer meines Lebens. Vor mir lagen zehn Monate in Portland, Oregon, wo ich am Lewis & Clark College als Assistant Teacher arbeiten würde. Portland gilt als »weirdeste« Stadt der Westküste und ist unter anderem die Heimat des Simpsons-Autors Matt Groening, der viele seiner gelben Charaktere nach Straßen Portlands benannt hat.

Ich war zuvor noch nie in den USA gewesen und auch noch nicht so lange weg von zuhause an einem Ort, wo ich niemanden kannte ... ich war super nervös. Als mich beim letzten Flugabschnitt von Seattle nach Portland die Flugbegleiterin am Gate fragte, ob ich gerne am Fenster sitzen würde, und ihre Kollegin für mich antwortete: »Oh yeah, give him a window seat. Just look at him, this guy wants to fly«, festigte sich in mir mehr und mehr die Überzeugung, dass mir eine tolle Zeit bevorstand.

Während der ersten Tage am Campus war ich so eingespannt und hatte so viel zu entdecken, dass mir gar keine Zeit für Heimweh oder Aufregung blieb. Schon am dritten Tag fing ich an, meine eigenen Deutschkurse zu unterrichten.

Die höchste Priorität für die Freizeitgestaltung blieb aber natürlich das Slacklinen. Schnell fand ich unter den Studenten einige Gleichgesinnte, die zumindest ein paar Schritte auf der Line laufen konnten und anfingen, ihren Freunden vom »Crazy German language assistant« zu erzählen, »who does backflips on a slackline«.

Smith Rock

Smith Rock ist ein Höhenzug aus orange-braunen Felsformationen, die einige hundert Meter mitten aus der Central Oregon High Desert herausragen. Der State Park ist nicht nur eines der größten Klettermekkas der amerikanischen Westküste, er ist auch seit knapp 20 Jahren ein extrem beliebtes Ziel für Highliner. Beim seit 2012 alljährlich stattfindenden Highline Festival kommen Locals und Slackliner von der ganzen Westküste zusammen, um zwischen den ikonischen Felsformationen durch die Luft zu balancieren.

Im September 2014, als ich gerade einmal zehn Tage in den USA war, stand das Festival vor der Tür und ich wollte unbedingt dabei sein. Ich war ziemlich aufgeregt, da ich dort niemanden kannte und keine Ahnung hatte, wie ein Slackline-Festival in den USA abläuft. Die Angst, es zu verpassen, war aber ungleich größer.

Ich fand im letzten Moment eine Mitfahrgelegenheit und fand mich wenig später vor Ort wieder. Als ich am Samstagmorgen etwas planlos und schüchtern über den Parkplatz des State Parks lief, traf ich auf niemand Geringeren als Jerry Miszewski, den ehemaligen Highline-Weltrekordhalter (2011–2012) sowie Gründer und Eigentümer von Balance Community, meinem heutigen Slackline Sponsor.

Ich war von Ehrfurcht ergriffen und hatte Glück, dass ich gerade rechtzeitig kam, um mit Jerry gemeinsam zu seiner Highline »Temple of the Winds« hochzulaufen. Erst heute ist mir richtig klar, wie wichtig es mir damals schon war, ihn zu beeindrucken.

Ich kämpfte mich anschließend über die wirklich unfassbar vom Wind geschüttelte Slackline und war damit einer von nur drei Slacklinern des gesamten Festivals, der die 70-Meter-Distanz meistern konnte.

Das sprach sich schnell herum. *The German kid had entered the scene ...*

Work hard, play hard

Am Abend trafen sich alle Slackliner im nahegelegenen Terrebonne auf einer westernfilm-reifen Cowboy-Ranch, um die Highline-Erlebnisse gemeinsam zu feiern. Am Grill stand ein fröhlich grinsender Typ mit schwarzem Drei-Tage-Bart in Skaterklamotten. Er verteilte dicke Burger-Patties und rührte alle paar Minuten voller Elan in einem riesigen Topf mit dampfendem Chili con Carne.

Als ich an der Reihe war, begrüßte er mich mit den Worten: *»How's it going, buddy? What's your name?«*

Schüchtern entgegnete ich mit meinem unverkennbaren deutschen Akzent: *»Hi. I'm Friedi. How are you and what's your name?«*

»Friedi? Are you the crazy slackliner from Germany? My name is Ari. I saw you killing it on the Kingline today.«

»I am from Germany, yes. Nice to meet you, Ari. I'm very glad to be here.«

»Well it's a pleasure to have you here, Friedi! How do you want your burger?«

So lernte ich Ari Delashmutt kennen, einen 27 Jahre alten, vor Lebensfreude strotzenden Central Oregon Local, selbst ernannten Anarchisten und ehemaligen Profi-Skifahrer. Wir freundeten uns schnell an, denn unser Motto schien das gleiche: *»Get the most fun possible out of every single day.«* Das hieß für dieses und auch für alle unsere kommenden Wochenenden in Smith Rock: Die schmalen Zugstiegspfade zu den Highlines werden nicht gewandert, sondern gesprintet, egal, wie heiß die Sonne vom Himmel runterbrennt. Alles bis zum vierten Schwierigkeitsgrad wird Free Solo geklettert, denn Kletterseile machen dich nur unnötig langsam. Beim Abstieg werden Geröllfelder halb gesprungen und halb gerutscht. Sobald eine Highline frei ist, wird sich auf sie gestürzt. Und vor allem: Über Gefahr wird nicht lange diskutiert, sondern ihr lautstark ins Gesicht gelacht. So bekam ich am letzten Tag des Festivals von ihm den Spitznamen: *Speedy Friedi.*

Doch zurück zur Party: Anfangs noch etwas zaghaft hangelte ich mich von einem Gespräch zum nächsten. Ich war der einzige Ausländer auf dem Festival und fühlte mich dennoch kein bisschen fremd. Ich war noch keine zwei Wochen in den USA, hatte bis zu diesem Tag noch keinen der Anwesenden getroffen, und doch konnte ich mich sofort blendend mit ihnen unterhalten. Es waren alles Slackliner, überwiegend nur wenige Jahre älter als ich mit meinen damals zarten 24 Jahren. Irgendein amerikanischer Freund von mir, ich weiß nicht mehr welcher, bezeichnete diesen Menschenschlag später als »Redneck-Hippies«. Und das traf es perfekt. Zerschlissene Jeans, alte Holzfällerhemden und ausgelatschte Sandalen, lange Haare, die Jungs durchweg unrasiert, braungebrannte Haut, drahtiger Körperbau und immer ein strahlendes Lächeln im Gesicht. Das ergab den Look eines typischen West-Coast-Slackliners, sowohl bei den Jungs als auch bei den Mädels.

An jenem Abend lernte ich auch Spencer Seabrooke kennen, den ich beim Hunlen-Falls-Free-Solo-Abenteuer schon kurz vorgestellt habe. Er trug keine der oben genannten Klamotten, denn er saß eigentlich ununterbrochen in einem Whirlpool.

Ich könnte schwören, dass Spencer damals in einem selbstgebauten »Hillbilly-Hottub« saß und sowohl zu seiner Linken als auch zu seiner Rechten den Arm um eine wunderschöne, nur mit Bikini bekleidete Frau gelegt hatte. In der einen Hand hielt er ein Bier, in der anderen Hand einen dicken, qualmenden Joint.

Irgendjemand sagte zu mir: »*That's Spencer Seabrooke, the guy who almost died freesoloing. He's crazy.*« Oder so ähnlich.

Viele würden Spencers Lebensstil wohl mit »Sex, Drugs and Rock'n'Roll« beschreiben. Er selbst nennt es simpel: »Slacklife«.

Fakt ist: Der inzwischen 34-jährige Kanadier lebt in seinem Van, arbeitet auf Baustellen gerade so viel, wie er muss, um es sich leisten zu können, das restliche Jahr über durch Nordamerika zu fahren und Abenteuer zu erleben. Er sprudelt vor Lebensfreude wie kaum sonst jemand, den ich auf meinen Reisen getroffen habe.

Natürlich waren wir nicht von einem Moment auf den anderen beste Freunde. Wir mussten uns erst einmal beschnuppern wie zwei skeptische Hunde, beide mit dem Anspruch, ein Alphatier zu sein. Sein grinsender Blick, den er mir damals aus dem Hottub heraus zuwarf, las sich in etwa wie: »*So you're the German kid that everyone talks about and who's supposed to kick ass on the line, huh? I'll believe it when I see it.*«

Für mich drehte sich damals alles um reines athletisches Können. Wer kann weiter als ich balancieren? Wer kann die Line härter surfen? Wer fällt nie in die Sicherung? In dieser Hinsicht hinkte mir Spencer noch hinterher, aber er glich es mit einer nahezu übermenschlichen Motivation und Kraft aus und, um in seinem eigenen Jargon zu bleiben, »*the biggest balls around*«.

Ohne es damals zu wissen, war mit diesen kurzen, aber intensiven Begegnungen der Grundstock gelegt für unzählige prägende Abenteuer in den USA und einige meiner engsten internationalen Freundschaften.

Das amerikanische College-Leben

Neben den bereits unwiderruflich Infizierten, konnte ich in der folgenden Zeit auch einige Studenten mit dem Gleichgewicht-Virus anstecken. Mein Kumpel Atsatsa, der einzige amerikanische Ureinwohner am Lewis & Clark College, gründete den dort ersten Slackline Club, welcher sich dank der großzügigen finanziellen Förderung durch das College bald eigenes Longline- und Highlinematerial kaufen konnte. Der 20-jährige Angehörige der Navajo Nation hat einen wirklich phänomenalen Gleichgewichtssinn und keine Spur von Höhenangst. Ich habe bis heute niemanden gesehen, der beim Slacklinen so schnell Fortschritte gemacht hat. Mein Wunsch und mein Versprechen, eines Tages zusammen mit ihm eine Highline-Aktion in seiner Heimat in Arizona zu machen, stehen immer noch felsenfest.

Im Laufe der ersten Wochen in den USA kam ich auch zu der Erkenntnis, dass feucht-fröhliche College Partys, wie man sie aus Filmen kennt, keineswegs nur ein Stereotyp waren, sondern Realität. Mit leicht bekleidet tanzenden Teenies, viel billigem Bier aus dem Trichter oder als »Shotgun«, dicken weißen Rauchschwaden, mal bouncigem Gangsta Rap und mal Live-Konzerten von zottelhaarigen College Rock Bands. Und hinterher meistens mit einer völlig verwüsteten Studenten-WG oder einem Elternhaus, das dringend eine Renovierung brauchte.

Einmal erlebte ich, wie so eine Hausparty *gebustet* wurde. Auf einmal war die Musik aus, der etwa 20-jährige Host lief von Raum zu Raum und schrie: »*This party is over, get the fuck out of my house!*«

Nur wenige Minuten später war die Polizei da, und ich beobachtete von der Straße aus, wie mehrere streng dreinblickende Officer mit Taschenlampen ins Haus gingen und diejenigen Jugendlichen, die es nicht rechtzeitig raus geschafft hatten, nach ihren Personalien befragten. Klar, Alkohol war hier erst ab 21 Jahren erlaubt, und Lärmbelästigung allgemein genauso wenig wie bei uns.

Wir wollten nur noch weg. Mein Pech war, dass das Taxi, mit dem Atsatsa, ein paar Freunde und ich »türmen« wollten, bereits komplett gefüllt war. Aber, was soll ich sagen, erst nickte Atsatsa und schließlich der Taxifahrer selbst Richtung Kofferraum: »*Just hop in, man.*«

Während keine zehn Meter neben uns die Polizisten standen und eine Party aufräumten, sollte Speedy Friedi in den Flucht-Kofferraum hüpfen. Da fiel es mir wie Schuppen von den Augen: Ich war selbst zu einem Charakter in einer amerikanischen College-Teenie-Komödie geworden.

Die Zeit verfliegt

Mein unstillbarer Hunger nach neuen, längeren Lines, gepaart mit der Offenheit und Cleverness meiner neuen amerikanischen Freunde, sorgte für viele Highline-Erstbegehungen in den Monaten nach dem Smith Rock Festival.

Mit Ari balancierte ich bald über Schluchten in Central Oregon. Mit Joel Pinnock – einer weiteren Bekanntschaft aus Smith Rock – und Atsatsa beging ich die damals längste Highline Oregons über die Punch Bowl Wasserfälle.

Beim alljährlichen »THC – The Humboldt Classic«, einem Slackline-Festival im Humboldt County in Nordkalifornien, balancierte ich zwischen riesigen Red Woods und Giant-Sequoia-Bäumen durch einen urzeitartigen Wald, während unter mir dicke weiße Rauchschwaden von kalifornischem Marijuana aufstiegen. So lernte ich nicht nur die kalifornische Hippie-Slacklineszene kennen, sondern kam auch auf eine irrwitzige Art und Weise wieder mit meiner Kindheit in Berührung: Genau in diesem Wald wurden nämlich die Waldmond Endor-Szenen in *Star Wars – Die Rückkehr der Jedi-Ritter* gedreht, dem Lieblingsfilm meiner Kindheit.

Es war ein Traum: Ich balancierte dort durch die Luft, wo Luke und Lea Skywalker sich Lichtschwertkämpfe und Hoverbike-Wettrennen mit dem Imperium geliefert hatten (oder liefern werden?).

In meinem ersten Winter ohne Schnee gab es Höhen und Tiefen. Bei einem Buttflip-Versuch auf einer viel zu hohen und viel zu *tight* gespannten Trickline am weltberühmten Santa Monica Beach in Los Angeles rutschte ich so von der Line ab, dass diese nach oben schnellte und mir brutal mein Handgelenk verstauchte. Daraufhin hatte ich endgültig die Schnauze voll vom Tricklinen und wollte mich fortan voll und ganz aufs Highlinen konzentrieren.

Eine Woche später war ich deutlich besser gelaunt, befand ich mich auf meiner ersten Highline auf Hawaii über Palmendschungel und Lavagestein.

Im Frühling ging es mit Carl Mars und Ben Plotkin-Swing, die ich ebenfalls in Smith Rock kennengelernt hatte, tief in die Enchantments, ein malerisches Gebirge im Osten des Bundesstaates Washington, wo wir eine alpine 120 Meter lange Highline aufbauten – damals die längste im ganzen Bundesstaat. Diese Jungs waren gleichermaßen Stützen wie auch Konkurrenten in einem positiven Sinn. Wir spornten uns gegenseitig an, schneller zu wandern, schwerere Rucksäcke zu tragen, höher und weiter zu balancieren, weniger Angst zu haben.

Der damals ebenfalls 25-Jährige Ben war in vielerlei Hinsicht eine Art Gegenpol zu Spencer. Ein stiller, nachdenklicher Nerd, der den perfekt geplanten Aufbau einer Highline weit mehr genoss als jede Party danach. Heute hat er einen Doktortitel in Physik, damals war er einer der stärksten Highliner in Nordamerika.

Einmal kam es vor, dass Ben eine neue Line durchlaufen konnte, die ich selbst nach zwei Tagen mit vielen verbissenen Versuchen nicht schaffte: eine 120 Meter lange Line an einer alten Eisenbahnbrücke irgendwo am östlichen Stadtrand Seattles. Ich beneidete Ben dafür sehr, war innerlich sogar ein bisschen wütend auf ihn, versuchte die Wetterbedingungen für seinen Erfolg und mein Scheitern verantwortlich zu machen ... aber Fakt ist, dass er an jenem Tag einfach besser war als ich. Und Neid bringt einen nicht weiter, das hatte ich mir damals sogar in mein Tagebuch geschrieben. Sich anspornen und füreinander freuen jedoch schon. Genau wie daheim mit Juli, Lukas, Alex & co.

Per Anhalter durch den Wilden Westen? Von wegen.

Am Ende genau jenes frustrierenden Wochenendes brachte Ben mich zu einer Tankstelle nahe der Highway-Auffahrt Richtung Süden. Ich hatte den ganzen Abend und die ganze Nacht Zeit, um per Anhalter die 300 Kilometer von Seattle nach Portland zu kommen.

Drei Stunden lang stand ich an der Straße und hielt so freundlich lächelnd, wie ich konnte, meinen Daumen in die Luft. Hunderte Autos rauschten an mir vorbei, fast alle ohne Mitfahrer und mit massenhaftem Platz in den riesigen Karren. Doch niemand hielt an oder wurde bei meinem Anblick auch nur einen Tick langsamer. Manche beschleunigten sogar.

Ich zwang mich, weiter zu lächeln, doch bald wurde es kalt und dunkel. Mein an der Tankstelle gebasteltes Pappschild mit der Aufschrift »Direction Portland« half genauso wenig wie meine inzwischen flehenden Blicke. Ich dachte an meine Familie, mein Kinderzimmer, meine Heimat. Die geregelten Abläufe. Sogar die Vorlesungssäle. Alles, was mir je Sicherheit und Geborgenheit gegeben hatte. Ich verspürte zum ersten Mal echtes Heimweh und begann zu weinen. Noch kontraproduktiver konnte man beim Trampen kaum werden.

Irgendwann sprang ich über meinen Schatten und rief Ben an, der vorher schon skeptisch gegenüber meinem »unrealistischen« Plan gewesen war. Er war mittlerweile bei der Familie seiner Freundin nördlich von Seattle, konnte mich also nicht abholen, gab mir aber perfekte Anweisungen am Telefon, wie ich mit dem Bus zu seiner WG fahren konnte. Ich hatte zu dem Zeitpunkt immer noch kein Smartphone mit Internet.

Im Bus fielen mir die vielen müden, kaputt geschufteten Menschen auf, die mit glasigem Blick um zehn Uhr abends von der Arbeit nach Hause fuhren. Nicht wenige wirkten geistig abwesend, betäubt von Alkohol oder Schlimmerem. Öffentliche Verkehrsmittel waren in den USA offensichtlich etwas für diejenigen, die sich kein Auto leisten konnten.

In der Innenstadt sah ich Wolkenkratzer, Obdachlose, Reiche, einen Michael-Brown-Demonstrations- und Gedenkzug mit Bannern »*This is not a game*«, »*End police violence*« und »*Fuck the police*«.

Als ich endlich in Bens Wohnung ankam, war es nach Mitternacht – am nächsten Morgen um 5:30 Uhr ging mein Bus nach Portland. Da ich mein Handy mangels Steckdosen-Adapter nicht aufladen konnte, um mir einen Wecker zu stellen, wendete ich eine alte Taktik der amerikanischen Ureinwohner an: Ich trank vor dem ins Bett gehen so viel Wasser, dass ich garantiert in ein paar Stunden vom Druck meiner Blase aufwachen würde.

Es funktionierte.

Im Bus nach Portland dachte ich darüber nach, wie unfassbar vielseitig das Wort »Abenteuer« sein kann. Es war nach wie vor mein Lieblingswort.

Sonntag, 22.2.2015

```
Spencer, Ari und ich rennen durch den Smith Rock
Park Richtung Highlines. Am Fuße der Wand beginnt
ein gigantischer Adrenalinkick. Meine erste Free-
Solo-Mehrseillängenklettertour.
```

Ari hat mir vorher wieder und wieder versichert, wie einfach die Route, wie stabil der Fels und wie sehr die ganze Gefahr nur im Kopf sei. Er wisse genau, wo entlang man klettern muss und wo man sich ausruhen kann. Spencer: »*I've done it before, too, dude. It's a walk in the park.*« Also klettern wir los. Erst Ari, dann ich, dann Spencer. Bald überholen wir sogar zwei gesicherte Seilschaften. Name der Route: »Super Slab«, Schwierigkeit: 5.8, in der europäischen Skala zwischen 5 und 5+.

Absolut machbar und für mich kein Grund zu fallen, aber dennoch ein ziemlicher Nervenkitzel ohne Seil 50, 80, irgendwann 100 Meter über dem Boden. Ari erzählt die Geschichte hinterher so: »*I get to the top after the final moves and I can't see Friedi or Spencer yet, because they are behind a corner, but I hear Friedi screaming: ›ARI! ... ARI!‹ And I'm like ›Oh crap, Friedi needs help now‹, but then Friedi goes ›ARI!!! I'M HAVING SO MUCH FUN!! THIS IS AWESOME!‹*« Als wir nach unserer Highline-Session in der Abendsonne auf dem Felsen sitzen und den Blick über den Smith Rock State Park schweifen lassen, frage ich Spencer, was er im restlichen Leben so macht.

»I do physical work at construction sites for a
living. But I smoke joints at work all day, dude.
It's just more fun that way.«
Auf meine Nachfrage, ob er auch vor dem Highlinen
Gras raucht, antwortet er grinsend mit *»Is a*
duck's ass watertight?« – kanadischer Slang für:
»Na selbstverständlich.«
Irgendwie erinnert mich Spencer an die
älteren Jungs aus der Sportplatz-Szene in
meiner Heimatstadt Kolbermoor. Auf den ersten
Blick ein Macho und Aufschneider, aber umso
sympathischer, je besser man ihn kennenlernt.
Im Gegensatz zu den meisten lauten Menschen ist
sein Selbstbewusstsein echt und wohlbegründet.
Und es ist nahezu unmöglich, in seiner Gegenwart
schlecht gelaunt zu sein. Dafür gibt es mit ihm
einfach zu viel zu lachen.

Mein erster Trip in Spencers Hood

Anfang April 2015 hatte ich eine Mitfahrgelegenheit von Portland
nach Seattle zu Joel. Der Fahrer, ein Mitte 40-jähriger Jason, war von
Anfang an irgendwie *creepy*. Er schimpfte ununterbrochen über die
Regierung (per se für mich durchaus noch kein Grund für Unsym-
pathie) und gab dunklen Verschwörungsmächten die Schuld für seine persönlichen Miseren.

»The mechanic intentionally fucked up my car, the jews control everything, women are all the same ...«

Alles klar, dachte ich mir und hoffte stillschweigend, dass die Autofahrt schnell vorübergehen würde. Er brüllte ständig andere Autofahrer an, und als wir Joels Haus nicht auf Anhieb finden konnten, bekam er einen cholerischen Anfall und schrie: *»Get the fuck out of my car. Right now.«*

Erleichtert, aber leider nach wie vor ohne Smartphone, steig ich aus und lief eine Zeitlang planlos umher, bis Joel mich schließlich fand irgendwann fand und einsammelte. Kurze Zeit später saßen wir in seinem Kleinwagen und waren unterwegs nach Britisch-Kolumbien.

Nach einer späten Ankunft und einer Nacht im Zelt am Straßenrand erwachten wir am Fuß des Stawamus Chief in Squamish, eine Stunde nördlich von Vancouver. Der Chief ist mit 700 Meter Höhe einer der größten Granitmonolithen der Welt und das kanadische Kletter- und Highlineparadies schlechthin.

Wenig später erklommen Carl, Ben, Joel, Spencer und ich mit 30-kg-Rucksäcken beladen hochmotiviert den Berg. Nach ca. 90 Minuten Keuchen und Schwitzen standen wir endlich an der 300 Meter tiefen Schlucht, die sich durch den Granitriesen zieht.

Die Frage, wie man hier das Verbindungsseil herüberbekommen würde, beantwortete Spencer mit einem gekonnten Schuss seines »Lucky Launchers«, einer mit Luftdruck gepowerten Harpune. Dieses eigentlich für Rettungszwecke konzipierte Gerät feuert einen Pfeil mit Schnur bis zu 70 Meter weit.

So riggten wir Spencers 64-Meter-Home-Line und zukünftige Free-Solo-Line »The Itus« und die neue 101 Meter lange Highline

»Pandemic«, die Ben schon Monate zuvor makellos eingebohrt hatte. Beide Lines haben eine irre Qualität. Über 250 Meter hoch, in perfekten 90°-Winkeln weg vom senkrechten Fels. Ben und ich überquerten die neue Line jeweils mit mehreren Catches. Nicht leicht zu laufen, das Ding. Die kürzere balancierte ich dafür mehrmals hin und her und genoss die Luft unter mir. Es folgte ein ruhiger Abend am Lagerfeuer mit Carl, Ben und Joel, während Spencer vom Berg runterlief, um unten mit einem Date in seinem Van zu nächtigen. Was für ein Sternenhimmel über uns lag!

Sonntag, 5.4.2015

Ben zögert bis mittags, bevor er zum ersten Mal »Pandemic« versucht. Vorher darf ich nicht drauf. Auch nach seinen ersten Versuchen mit einigen Stürzen will er nicht, dass ich es probiere: »It's my project, it was my effort, I should get the first ascend ...«
Ich sehe, wieviel Druck er sich macht, wie nervös ihn die Line macht. Wir sprechen ausführlich darüber – und das tut uns beiden richtig gut und bringt ihn schließlich zu dem Schluss, dass er »hypocritical« war, und wir uns gegenseitig so viel »supporten« sollten wie möglich.
Eine Stunde später gelingt mir die erste vollständige Begehung von Kanadas längster Highline. Ich glaube nicht, dass ich momentan ein

technisch stärkerer Läufer bin als Ben. Aber ich habe einerseits mehr Versuche reingesteckt und mir andererseits, im Gegensatz zum letzten Mal, weniger Druck gemacht als er. Nach meinem Send gratulieren mir alle außer Ben. Er muss es wohl noch etwas verdauen, aber: »*What doesn't kill you makes you stronger*« gilt nicht nur für den Körper. Auch das Ego muss hin und wieder etwas einstecken, um zu wachsen.

Dann schafft er es nach vielen Versuchen endlich auch, die Line von Anker zu Anker zu laufen. Eigentlich sollte er jubeln, nach all dem Druck, aber er freut sich eher still und heimlich.

Zur Feier des Tages, lasse ich mich endlich von Spencer überreden, einen seiner »*Triple Infused Weed Brownies*« zu essen. Nach ca. 45 Minuten kickt er rein. Ich beginne seltsame legoartige Figuren im Lagerfeuer zu sehen, höre das Blut in meinen Ohren pochen, bekomme eine dezente Angst vor der 300 Meter hohen Klippe, die nur 15 Meter von unserem Lagerfeuer entfernt ist, und kann mich nicht mehr richtig artikulieren. Das ist zu viel. Gottseidank liegt der Schlafsack direkt neben mir. Die Nacht ist klar, und mein Körper völlig erschöpft. Also ab ins Bett.

Abschied

Meine Zeit als Language Assistant am Lewis & Clark College neigte sich dem Ende zu, was mich sehr traurig machte. Am letzten Abend traf ich mich mit den anderen Fremdsprachenassistenten aus Frankreich, Russland, Spanien, China und Japan. Bei einem Schicki-Micki-Lagerfeuer auf einer Dachterrasse in Downtown Portland unterhielten wir uns lange über die vergangenen zehn Monate. Ich merkte, dass ich nie eine wahnsinnig tiefe Verbindung mit ihnen hatte. Für sie war ich wohl immer etwas seltsam, mit meinen vom Klettern zerschlissenen Klamotten und meinen Stories von verrückten Abenteuern.

Irgendwie tat es mir ein bisschen leid, dass sie keine Slackline-Community hatten. Ich hatte einfach riesiges Glück. Alle meine Erlebnisse wurden mir fast auf dem Silbertablett serviert. Für mich war Amerika zudem kaum ein Kulturschock. Wie muss das wohl zum Beispiel für Chu-Yen aus China gewesen sein? Ich bekam immerhin einen zweiwöchigen Besuch von meinem Vater und hatte die Slackline-Community. Sie hatte beides nicht gehabt.

Wer hatte in den letzten zehn Monaten mehr Mut und Kraft gezeigt? Ich denke sie.

Der Ort, an dem alles begann

N ach einem tränenreichen Abschied holte mich Joel vom Campus ab. Auf der langen Autofahrt nach Zentral-Kalifornien diskutierten wir mal wieder über Politik und die Unterschiede zwischen Amerika und Europa.

»George Bush was the worst president we ever had«, sagte er.

Mit einem hellseherischen Grinsen antwortete ich: *»You mean the worst president you had SO FAR.«*

So verging die Zeit schnell. Als wir endlich den Eingang zum gelobten Yosemite-Tal durchquerten, blieb uns die Spucke weg.

»Our jaws dropped to the floor and through the floor of the car into the road.« – Joel Pinnock

Es war der epischste Anblick, der sich mir je geboten hatte. Und das bis heute. Yosemite ist wie ein Gemälde: dunkelgrüne Nadelwälder und kristallklare Seen und Flüsse, umringt von majestätischen Bergen, deren schneebedeckte Gipfel im Sommer das Schmelzwasser für etliche Wasserfälle liefern, die die steilen, grauen Felswände ins Tal hinunterstürzen. Eine Märchenlandschaft, zurecht mit allen Mitteln des Staates geschützt und behütet.

Wir fuhren direkt in das Original Camp 4, wo fast 50 Jahre früher Kletterer das Slacklinen erfanden. Sie balancierten Ende der 70er Jahre während ihrer Ruhetage zunächst auf Ketten und Seilen und schließlich auf flachen Nylongurten, trainierten so spielerisch ihr Gleichgewicht und ihre Koordination, wann immer die Arme und Finger eine Pause vom Klettern brauchten.

Slackline-Ikonen wie Scott Balcolm und Dean Potter begannen bald damit, den Balancesport in die Höhe zu tragen, das Band zunächst von Baumkrone zu Baumkrone und schließlich zwischen Felstürmen und über Schluchten zu spannen. Dean Potter, Profi-Kletterer und Basejumper, der in Yosemite Zeit seines Lebens quasi zu Hause war, lief als einer der ersten Menschen auch ohne Sicherung über Highlines.

Samstag, 9.5.2015

Abartiger Vier-Stunden-Anstieg über steile felsige Pfade zu den Upper Yosemite Falls mit Joel, Jerry, Ryan, Garrison (16 Jahre alt!), Justin und seinem eisblauäugigen Husky Bishop. Es lohnt sich: Wir riggen drei epische, malerische, exponierte, *echte* Highlines, so wie sie sein sollen. Sie überbieten die Höhe in Squamish um fast 200 Meter. Jerry ist müde und gewährt mir den ersten Versuch auf der »Big Big Yosemite Falls Line«, der damals mit 113 Meter längsten Highline im ganzen Tal.

Das viele Training macht sich endlich bezahlt und ich laufe *OS FM FA*. *(Onsight Full Man First Ascent)*

Die kürzere »Big Yosemite Falls Line«, der 70 Meter lange Klassiker, ist aber noch besser. Sie ist stark ausgesetzt, man läuft auf die Nase ganz am Rande des Wasserfalls zu, spürt Aufwinde, unter den Füßen 500 Meter Luft bis zum Boden. Bis jetzt vielleicht die schönste Highline, auf der ich war.

Ich laufe sie »Continuous Full Man« mit surfen, bouncen, Exposure Turns mit Side Sag und in den Wind lehnen. Ich spüre, was ich für Fortschritte gemacht habe, seitdem ich nach Amerika gekommen bin.

Göttlicher Abend am Lagerfeuer, unter göttlichem Sternenhimmel, mit viel Lachen und göttlichen Gesprächen. Ein Unterschied zu Squamish: Hier muss man unbedingt nachts seine gesamten Vorräte in Bear Cans wegsperren und an Bäume hängen, da es in Yosemite sehr clevere Braunbären gibt.

Ryan: *»Guys, did you know there is a bear in this mountain, a very clever female one, who learned to carry the bear canisters to the top of a cliff, push them down, and then go to the bottom to pick the food from the broken containers?«*

Vor dem Schlafengehen machen wir eine Nachtwanderung zum nahegelegenen Lost Arrow

Spire, möglicherweise dem berühmtesten Highline-Spot der Welt. Wir sehen die gigantische, 100 Meter hohe Felsnadel 20 Meter auf der anderen Seite der Klippe im Licht unserer Stirnlampen. Die ganze Location flößt Respekt ein und hat etwas Historisches, etwas Großes an sich. Hier war Scott Balcolm im Jahr 1985 die erste Highline überhaupt gelaufen. Die 15 Meter »Classic Line«. Ein geschichtsträchtiger Ort, von dem jeder, der sich Highliner nennt, irgendwann träumt. Ich fasse den Entschluss, dass ich hierhin zurückkehren und diese Line laufen muss.

Zwei Tage später verabschiedete sich der größte Teil unserer Gruppe. Zurück blieben nur Joel und ich. Wir gingen noch für zwei Tage auf der anderen Seite des Tals highlinen, am Taft Point Look Out, einem viel einfacher zu erreichenden Spot. Wir genossen die Ruhe, den Ausblick und die Wildnis um uns herum. Der größte Kick war für uns die dortige 30 Meter lange, ebenfalls 500 Meter hohe Line bei Nacht zu laufen und uns in beinahe vollständiger Finsternis in die Leash zu stürzen.

Danach hatten wir erstmal genug vom Balancieren und wollten uns dem Klettern widmen.

Joel hatte bereits vor mir ins Camp 4 eingecheckt, doch dieses war inzwischen rappelvoll. Und so sollte mein ganz eigenes, etwas anderes Yosemite-Abenteuer beginnen ...

* * *

Mein erster Fehler:

Ich frage die Ranger an der Rezeption höflich, ob ich vielleicht ausnahmsweise gegen einen Aufpreis mit auf Joels Campingplatz könnte. Deren Antwort: »*When the sign says, camp 4 is full, it is full. If we still find you here in half an hour, it will be a problem for you.*« Dass ich kein Auto habe, um irgendwo anders hinzufahren, ist ihnen egal. So weit hat mich also meine Ehrlichkeit gebracht. Bleibt mir wohl nichts anderes übrig, als irgendwo wild zu campen.

Mein zweiter Fehler:

Als ich mit dem Schlafsack auf dem Rücken loslief in Richtung Wald, haben mich wohl die Ranger vom Parkplatz aus gesehen. Mit meiner schwachen Stirnlampe stolpere ich durchs Unterholz. Wegen ekliger Würmer auf dem Boden suche ich mir einen Schlafplatz auf einem vier Meter hohen Felsblock, auf einer schmalen, beinahe waagerechten Ledge, gerade breit genug, um im Liegen nicht gleich herunterzurutschen.

Kaum rolle ich meine kleine Isomatte aus, sehe ich in der Ferne durch die Bäume riesige Taschenlampenlichter auf mich zukommen. Das Herz rutscht mir in die Hose. Es müssen die Ranger sein. Ich ducke mich ganz oben auf dem Felsen hinter eine Kante auf der anderen Seite der Lichter und halte mich mit den Fingern fest, um nicht abzurutschen. So befinden sich nur meine Fingerspitzen auf der den Rangern zugewandten Seite des Felsens. Meine Stirnlampe habe ich längst ausgemacht.

Sie kommen immer näher. Ich höre ihr Gemurmel, kann aber nicht verstehen, was sie sagen. Die Lichtkegel der Taschenlampen streifen über alles um mich herum, suchen aber mehrheitlich den Boden ab. Auch über meine Hände streifen sie kurz. Mein Herz rast. Ich habe Glück, sie sehen mich nicht, und aus irgendeinem Grund auch nicht meinen Schlafsack, der immer noch auf der anderen Seite auf dem Vorsprung liegt. Ich male mir aus, was wohl passiert wäre, wenn sie mich gefunden hätten. Wahrscheinlich hätten sie versucht, mich festzuhalten, mich zu überwältigen, mir vielleicht sogar Handschellen anzulegen. Zumindest aber hätten Sie mich aus dem Park geworfen, vielleicht angezeigt oder ein Bußgeld verordnet. Mich möglicherweise von dem Ort, den ich gerade so zu lieben gelernt habe, für immer verbannen ...

Das Adrenalin rauscht mir durch die Adern. Das Gefühl übertrifft jede Angst, erwischt zu werden, die ich je hatte. Als Kind war ich aufgeregt beim Verstecken spielen, bei Klingelstreichen, bei unerlaubten Abstechern in Nachbargärten ... alles ein Witz. In der Schule beim Nachbarn abschreiben, länger draußen bleiben als erlaubt, Nightlife mit gefälschtem Schülerausweis ... geschenkt. Nun bin ich 25 Jahre alt und drauf und dran, ausgerechnet in den USA verhaftet zu werden. Kein Spiel mehr.

Verbissen umklammere ich den Felsen und verharre 20 Minuten lang, ohne mich zu bewegen. Die Ranger sind weg. Ihre Lichter verschwunden.

Als ich gerade anfange, mein Schlaflager weiter herzurichten, sehe ich wieder Licht, diesmal aus der entgegengesetzten Richtung. Dieselbe Prozedur, derselbe Adrenalinkick. Ich wage einen Blick und erkenne diesmal schnell, dass es keine Ranger sind, sondern nur eine einzelne

Person, ebenfalls mit Stirnlampe. Vermutlich ein Kletterer, der genau wie ich einen Stealth-Campingplatz sucht. Er bleibt mir deutlich ferner, sieht mich nicht und ist schließlich wieder im Wald verschwunden. Der Schlafplatz auf der Kante ist eng, aber gut genug. Mein Herz rast immer noch so sehr, dass ich über eine Stunde braucht, um einzuschlafen.

Mein Handy weckt mich um 6 Uhr morgens und ich schleiche in einem großen Bogen um das Camp 4 herum, um von der Seite der Straße aus wieder zur Rezeption zu gehen.

* * *

Endlich war ein offizieller Campingplatz frei geworden und ich konnte einchecken .

Sonntag, 17.5.2015

Hubschrauber kreisen über dem Tal. Die Stimmung
im Camp ist gedrückt, irgendetwas liegt in der
Luft. Wir erfahren, dass am Abend zuvor Dean
Potter und sein Freund Graham Hunt beim Wingsuit
Base Jumping tödlich verunglückt waren. Sie
wollten genau durch das enge Gulley fliegen,
das wir zwei Tage zuvor vom Taft Point Exit aus
gesehen hatten. Uns war sofort klar, dass es sehr
schwierig wäre, dort durchzufliegen. Es ist wohl
machbar, aber sehr anspruchsvoll.

Die letzten Tage im Valley verbrachten wir mit Klettern: Viele schwere Risse, Sportklettern von Routen, die viel zu einfach bewertet sind, und manche einfachere Slab Multi Pitches, die wir sogar ohne Seil machten. Wir schlichen uns ein paar Mal in den gehobeneren »Housekeeping« Campingplatz, um dort die Duschen zu nutzen. Ich spazierte einmal sogar in das 700-Dollar-pro-Nacht-Awahnee-Luxushotel, um das WLAN zu nutzen. Alles ist machbar, wenn man Selbstbewusstsein ausstrahlt und total relaxt und unbekümmert wirkt.

So konnte ich zwischen Klettern und Slacklinen meinen letzten Trip in Nordamerika planen. Mein Arbeitsvisum lief bald aus, ich musste die Staaten also verlassen. Daheim in Deutschland würde die Uni allerdings erst vier Monate später weitergehen.

Was lag also näher, als dem nördlichen Nachbarland der USA einen letzten Besuch abzustatten und dann von dort aus heimzufliegen?

Canadian Slacklife

Samstag, 6.6.2015

Spencer, Michael und ich riggen auf dem Stawamus
Chief die 30 Meter lange »Dean's Line« in
Gedenken an Dean Potter, der diese Line vor
vielen Jahren erstbegangen hat und nun vor drei
Wochen von uns gegangen ist.
Außerdem eine neue 90-Meter-Line, die noch
niemand durchgelaufen ist. Nachdem ich die Line
erstbegehe und dabei das komplette Fresh Prince
of Bel Air Intro vor mich hin singe, schlägt
Spencer vor: »Let's call this line ›The Fresh
Prince‹.«
Wir bekommen Gesellschaft von etlichen Vancouver-
Slack-Hippies: Andrew, Levi, Rj, Lee, Hanna,
John, Matt, Keenan, Ryan, Hiko, Johannes, Jonas,
Richard, Amanda, Garika, Brent. Sie bauen noch
eine 20-Meter-Line auf.
Spencer und ich hängen an den Füßen kopfüber,

er auf der 30er, ich auf der 20er, und spielen
»Rock Paper Whippers«: Schere-Stein-Papier, wobei
sich der Verlierer in die Sicherung fallen lassen
muss. Gelächter.
Danach tanzen alle in der Sonne an der Klippe zu
Bob Marley.

Quit while you're ahead

Nach drei Tagen auf dem Chief gingen wir nochmal runter nach Squamish, um ein bisschen kanadische Energie zu tanken: Nach einem »Mountain Man Breakfast« – *hash browns, 3 fried eggs, bacon, ham, tomatoe cantaloupe, buttered toast, 2 pancakes with maple syrup* – ging es ab zum Waterlinen über den herrlich kristallklaren Brohm Lake. Levi Allen begleitete mich mit seiner Drohne dabei, wie ich fünf Meter über dem vom Sonnenlicht glitzernden Wasser meine mit 130 Meter bisher längste Waterline lief.

Auch am nächsten Tag war keine Ruhe angesagt. Am nahegelegenen, 80 Meter hohen Brandywine Wasserfall bauten wir eine ebenso lange wie hohe Highline auf. Es war Spencers bisher längste Strecke und er kämpfte darauf wie ein Tier. Michael und ich fieberten bei jedem seiner Schritte mit. Als es Spencer nach etlichen Catches und Leashfalls endlich gelang, seine neue persönliche Bestdistanz zu laufen, brachen wir alle in Jubel aus. Noch nie zuvor hatte ich mich beim Slacklinen so sehr für jemanden anderen gefreut. Ich spürte seine Euphorie, als hätte ich selbst gerade eine gigantische Line bezwungen.

Einen Monat später kam Spencer nochmal dorthin zurück, um seinen persönlichen Rekord gebührend zu begießen: Er band sich mit einem langen Pendelseil an die Highline und fuhr mit einem Schlauchboot den Wasserfall herunter, während ihm eine kanadische Flagge als Superman-Cape hinterherflatterte. All diese Szenen sind in Levi Allens Abenteuer-Dokumentation *Untethered* sehen.

Kaum waren diese zwei »Möchtegern-Ruhetage« vorbei, rief uns mein letztes großes Slackline-Ziel in Kanada zurück auf den Chief. Wir bauten das noch hängende 90-Meter-Band zu einer neuen 135-Meter-Line um. Die bis dato längste in ganz Kanada.

Dieses Mal war ich der Herausforderung nicht gewachsen. Bei meinem ersten Versuch auf dem schweren Band mit teilweise zu tightem Backup kam ich nicht einmal bis zur Mitte. Mein Körper schrie nach einer Pause.

Auch am nächsten Tag ging es keinen Deut besser. Ich fühlte mich wie eine leere Batterie und verbrannte meine letzten Kraftreserven mit etlichen Catches und Leashfalls auf dem viel zu wackeligen Band. Es war wie auf einem riesigen schlafenden Drachen zu balancieren, der bei der kleinsten falschen Bewegung aufwachte und anfing, einen mit kraftvollen Stößen abzuwerfen. Dann kam der Regen.

Eine halbe Stunde später saßen Spencer, Michael und ich unter einem improvisierten Planen-Camp, rauchten Joints und aßen alles an Snacks, was uns in die Finger kam. Solange das Feuer brannte, blieb es irgendwie gemütlich. Spätestens, als Michael und ich vor Lachen Rotz und Wasser heulten, weil Spencer so high war, dass er sich in ein kleines Kind verwandelte und anfing in seinem Schlafsack herumzurollen und herumzuhüpfen, sah ich ein, dass Highlinen nicht alles im Leben war.

Am dritten Tag war ich nur noch Matsch. Der Regen hatte sich in Nebel verwandelt, sodass ich bei meinem letzten Versuch auf der Monsterleine keine 20 Meter weit sehen und noch weniger weit laufen konnte. Am Anker hinter mir saß Spencer und schaute mir grinsend zu. Er wäre wohl ewig mit mir dort oben geblieben. Bis ich es geschafft hätte.

Aber irgendwann muss man sich auch einmal geschlagen geben. Also bauten wir ab, sprinteten ein letztes Mal den Chief runter, badeten unten ein letztes Mal im eisigen Bergbach und cruisten im Sonnenuntergang auf dem Sea to Sky Highway zurück nach Vancouver.

Sonntag, 21.6.2015

Meine letzte Nacht in Kanada

Summer Solstice Party im Wald in uriger »Mountain Cabin« mit Space Netz davor, das Spencer, Michael und ich mit Ratschen-Lines zwischen Bäumen geriggt haben.
Sieben Meter hoch über dem Waldboden laufen Spencer und ich die Lines zum in der Mitte hängenden Netz simultan Free Solo und lassen uns mit einem High-Five hineinfallen.
Der DJ spielt groovige Deep House Musik auf einer riesigen Soundanlage vor der Waldhütte. Wir drei klettern auf einen 60 Meter hohen Baum, bis wir die Lichter Vancouvers sehen. Lachflashs ohne Ende.

Der DJ macht einen Rückwärtssalto, rammt sich
bei der Landung eine Glasscherbe in die Hand und
blutet alles voll. Er wird von seiner Freundin
ins Krankenhaus gebracht und genäht. Zwei Stunden
später spielt er weiter.
Discokugeln und Discolichter lassen das Laubdach
über rund 50 tanzenden Hippies flimmern und
glitzern.
Der Rest sind verschwommene Erinnerungen.

Am darauffolgenden Tag schrieb ich am Flughafen unter Tränen die
letzten Worte in mein Tagebuch: »*The best ten months of my life.*«

Leveling up: Das Tor der Welten

Z urück zu Hause musste ich erfreut feststellen, dass sich die Inntal-Gang trotz meiner zehnmonatigen Abwesenheit kein bisschen auseinandergelebt hatte. Vale, Juli und Lukas waren noch genauso verrückt nach Highlinen wie ich und wir verstanden uns nach wie vor prächtig. Das zeigte sich vor allem bei unserem persönlichen Slackline-Meilenstein im Sommer 2015.

Wir begaben uns ins Wilder-Kaiser-Gebirge in Österreich, um dort ein 70 Meter langes, echtes alpines Prachtstück über Das Kleine Törl aufzubauen. 2.000 Höhenmeter über dem Tal, umringt von grauen, schroffen Felsen und nicht selten über den Wolken.

Nach einem Aufstieg von knapp 1.500 Höhenmeter, mit schweren Rucksäcken beladen, schliefen wir dankbar eine Nacht auf der Fritz-Pflaum-Hütte. Wobei man eigentlich kaum von einer ganzen Nacht sprechen kann, wenn man schon um drei Uhr morgens aufsteht. Aber wenn man so viel vorhat wie wir, dann geht es eben nicht anders. Wir stiegen weitere 500 Höhenmeter zum Kopftörlgrat auf, während langsam die Sonne über den Alpen aufging – und dann begann das eigentliche Abenteuer: klettern, abseilen, Partnerarbeit in der Felswand, Highline aufbauen ...

* * *

Lukas und Juli sind die stärkeren Kletterer und übernehmen somit die schwierigere Tour auf der östlichen Seite des Grats. Vale und ich bilden die zweite Seilschaft auf der anderen Seite, mit etwas leichterer Kletterei, aber dennoch nicht ohne. Die Hakenabstände in den Routen sind groß, bis zu 10 Meter, also sichern wir uns, wo wir es können, zusätzlich mit Friends und Klemmkeilen. Immer wieder müssen wir Umwege klettern, um die Tagline, die uns mit der anderen Seite verbindet, an all den scharfen Felsen vorbei nach oben zu ziehen.

Nachdem wir einige Stunden abwechselnd gefroren und geschwitzt, auf andere gewartet und an irgendwelchen Seilen gezogen haben, kommt der ultimative Stimmungskiller: Eine der vielen dicken Nebelwolken, die immer wieder durch den Grat ziehen, bleibt direkt bei uns hängen.

Binnen weniger Minuten können wir die andere Seite nicht mehr sehen. Super. All die Mühe und dann das. Wir warten eine ganze Weile, aber die Sicht wird nicht besser. Schließlich treffen wir gemeinsam die Entscheidung, es dennoch zu versuchen. Es ist bereits früher Nachmittag, und wir wollen alle vier noch mindestens einmal auf die Line, sie abbauen und wieder bis zum Tal absteigen.

Juli macht den ersten Versuch – es ist das erste Mal seit Jahren, dass ich Zeuge davon werde, wie er eine Highline nicht bereits im ersten Versuch schafft. Mit einigen Catches kämpft er sich auf die andere Seite. Mittlerweile haben sich die Wolken ein kleines bisschen gelockert und immer wieder können wir für ein paar Sekunden die andere Seite erkennen, bevor es sich ebenso schnell wieder zuzieht.

Trotzdem gelingt es Juli beim Rückweg, die Linie durchzulaufen. Gottseidank! Damit ist sie immerhin erstbegangen. Und außerdem von Juli, der die Idee für das Projekt hatte. So soll es sein. Wir freuen uns, aber es ist noch kein lauter Jubel. Lukas und ich sind ziemlich nervös, wir wollen die Line unbedingt ebenfalls schaffen.

70 Meter liegen gut innerhalb unseres Könnens, aber bei den heutigen Konditionen haben wir echte Zweifel. Zumal man nach einer Bergtour nie auf das volle Potential seiner Kräfte zurückgreifen kann.

»Krasser Scheiß, viel schwerer als gedacht. Hätte gedacht, dass ich da einfach rüberspazieren kann, musste aber ganz schön kämpfen. Lasst auf jeden Fall Mal nachspannen«, keucht Juli, nachdem er wieder bei uns angekommen ist.

»Mal hat man dich gesehen, mal wurdest du vom Nebel verschluckt«, sagt Vale.

Das macht einem ja Mut, denke ich mir. Aber es hilft nichts. Ich bin an der Reihe – und habe wieder eine dicke, undurchsichtige weiße Wand vor mir.

Juli wird die Line später »Tor der Welten« nennen, weil die Nebelwand, die die beiden Seiten des Kleinen Törls trennt, aussieht wie ein Tor in eine andere Welt.

Die gegenüberliegende Seite könnte 10 oder 1.000 Meter weit weg sein, ich würde keinen Unterschied sehen. Aber man spürt die Länge der Line. Die Schwingungen, die Fehler, die man beim Laufen macht, werden von der gegenüberliegenden Seite reflektiert, und das dauert immer einige Sekunden, je nachdem, wie lang die Line ist. Ich denke an die nebelige Highline auf dem Stawamus Chief zwei

Monate zuvor und mache mir keine großen Hoffnungen, dass ich jetzt senden kann.

Ich balanciere extrem langsam, weil die Line so schwierig zu kontrollieren ist, ohne jegliche visuelle Referenzen. Mein Oberschenkel und meine Schultern brennen. Immer wieder rudere ich wild mit den Armen, wenn eine Welle droht mich abzuwerfen. Krampfhafte schnelle Atemzüge pressen sich aus mir heraus. Ich fühle mich an Kampfsport erinnert, gebe immer wieder undefinierbare Laute der Anstrengung von mir. Meine Freunde können nicht sehen, wie ich kämpfe – aber sicherlich hören sie meine abrupten Flüche und Schreie.

Und auf einmal höre ich die anderen auch. Das erleichtert mich. Es sind dieselben Stimmen, die mich fünf Jahre zuvor über die gute alte Wolfsschlucht hinweg angefeuert haben. Ich fühlte mich nicht mehr alleine in der weißen Nebelwand. Ich fühlte mich zuhause.

Irgendwann spüre ich, dass es wieder bergauf geht. Es finden mehr Schwingungen hinter mir als vor mir statt. Die letzten ermutigenden Rufe von Lukas und Juli sind deutlich lauter als zuvor. Das Ziel muss nah sein.

Und täusche ich mich, oder taucht da vor mir grauer Fels auf? Noch einen Schritt und ich erkenne alles. Das Ende der Line, die Schlingenverankerung am Felsen, meine Freunde, wie sie da oben kauern und mir zuschauen.

Ich schalte auf volle Konzentration, um auf den letzten Metern nichts falsch zu machen. Ich gehe weiter in beinahe Zeitlupentempo, um mich eine Minute später endlich erschöpft, aber immer noch langsam und kontrolliert unmittelbar vor dem Felsen auf die Line zu setzen. Wahnsinn. Ich habe das Kleine Törl in der Luft überquert.

Und dennoch bleibt der Freudenschrei auch bei mir aus. Zwei von unserem vierköpfigen Team sind erfolgreich, aber wir haben es uns wirklich nicht so schwierig vorgestellt. 70 Meter sollen uns doch mittlerweile leicht fallen und das reinste Vergnügen sein! Nein, ein echter Erfolg wäre es erst dann, wenn keiner aus unserem Team mit einer Enttäuschung nach Hause gehen muss.

Gott sei Dank lichtet sich der Nebel mehr und mehr, und als Lukas von seiner ebenfalls geglückten Begehung zurückkommt, ist der Himmel nahezu blau, und wir baden in Sonne.

Als Letztes ist Vale an der Reihe. Ihm haben wir unzählige göttliche Fotos und Filmaufnahmen zu verdanken, doch man darf nicht vergessen, dass auch er ein starker Highliner der ersten Stunde ist.

Als auch er die letzten vorsichtigen Schritte seiner Begehung macht, brechen wir endlich gemeinsam in Jubel aus. Alle haben es geschafft! Was für ein Team. Was für ein Projekt. Es vereint sowohl verschiedene Sportarten und Leidenschaften als auch uns vier Individuen.

* * *

Beim Abstieg waren wir bestens gelaunt. Jeder war stolz auf sich selbst sowie er sich für die anderen freute. Und mir prägte sich im Wilden Kaiser die Erkenntnis ein: Das viele Training in den USA hatte sich gelohnt. Ich war in meine Heimat zurückgekehrt und konnte mit Juli und Lukas, den Profis, meinen zwei Slackline-Helden mithalten! Das gab meinem Ego einen ungeheuren Schub.

Das Staatsexamen: Die vielleicht größte Herausforderung meines Lebens (bis jetzt)

D ie ersten Wochen zurück in München nach einer großen Slacklinereise waren immer hart. Ich saß mit glasigem Blick im Vorlesungssaal, mein Herz noch in der Ferne. Im Sommer 2017 konnte ich es kaum mehr erwarten, mit dem Lehramtsstudium endlich fertig zu sein und mich zumindest für ein, zwei Jahre zu 100 % auf das Slacklinen zu konzentrieren. Nur lag da noch eine Hürde vor mir, eine gigantische Hürde, größer als alle, die ich bis dahin nehmen musste: das Staatsexamen. Um genau zu sein: die erste Staatsprüfung für das Gymnasiallehramt in den Fächern Englisch und Mathematik.

Ich verbrachte ungefähr eine Woche mit der Vorbereitung für die Englischprüfungen und ein halbes Jahr mit der Vorbereitung für Mathematik. Die letzten drei Monate lebte ich quasi in der Bücherei und versuchte, mir von 7 Uhr morgens bis 23 Uhr abends das nötige Wissen reinzupressen, um irgendwie zu bestehen. Mathe fiel mir unendlich viel schwieriger als Englisch. Höhere Algebra und Analysis bis zum Abwinken. Gruppen, Ringe, Körper, das waren alles Begriffe, die ich vom Slacklinen nur allzu gut kannte, was zur Hölle hatten die jetzt auf einmal in der Mathematik verloren? Es war alles so abstrakt und ungreifbar, so emotionslos. Ich zermarterte mir das Hirn und hatte richtig Angst, die Prüfung nicht zu bestehen. Ich hätte noch einen zweiten Versuch gehabt, ein Jahr später, aber da wollte ich längst frei sein! Außerdem, sollte auch dieser zweite Versuch in die Hose gehen, dann wären sechs Jahre Studium umsonst gewesen. Das durfte nicht sein. Das Slacklife war der Traum, meine »Mainline«, auf der ich lief, aber die Lehrerausbildung mein »Backup«, meine Absicherung, die mir den nötigen Seelenfrieden verschaffte, um ohne Angst in die Zukunft zu blicken. Also gab ich nicht auf.

Ich erinnerte mich in den Monaten vor der Prüfung wieder und wieder an meine Erlebnisse am Hunlen-Wasserfall, sagte mein inneres Mantra auf: »Wenn du einen Free-Solo-Weltrekord laufen kannst, dann kannst du verdammt nochmal auch dieses Staatsexamen schaffen. Bloß nicht aufgeben, auch wenn es weh tut.«

Um dieses mir wirklich unangenehme Thema zu Ende zu bringen: Es klappte. Ich bestand die Prüfungen und ich weiß nicht, ob ich Mathematik wirklich geschafft hätte, wenn ich nicht in den Jahren zuvor auf der Slackline gelernt hätte, wie man kämpft, wie man wirklich ans Limit seiner Kräfte geht.

Back to the States

W ir befanden uns im Wohnzimmer des berüchtigten »Sketchy Andy Lewis« in Moab, einer 5.000-Einwohner-Stadt im östlichen Utah, einem wahren Magneten für Kletterer und andere Outdoor-Freaks. Die Wände waren mit Seilen, Klettergeräten und Basejumping-Fallschirmen behangen, dazwischen vereinzelt Totenkopfzeichnungen und Bilder von leicht bekleideten Frauen. Sogar ein paar demonstrative Einschusslöcher von Übungen mit der »*obligatory handgun, that every good American household should have, for self defense*«, wie Ari mir immer weismachen wollte. Der Boden war ein einziges Meer aus Kilometern an Slackline-Band. Mitten darin saßen Andy und Spencer und planten völlig *stoned* den Aufbau der berühmten »Castleton«-Highline. Eine 490 Meter Strecke zwischen zwei 100 Meter hohen, freistehenden Felstürmen, damals die längste Slackline Nordamerikas.

Andy war eher vorsichtig und skeptisch, Spencer laut im »*It's gonna fuckin go, let's just do it*«-Tenor. Immer wieder herrlich, die beiden Alpha-Jungs zusammen zu erleben. Mia und ich tapten und sortierten derweil das Highline-Setup in drei Haulbags.

Am nächsten Morgen standen wir um 5 Uhr auf und düsten los. Bei einem Beinahe-Unfall auf der Landstraße sprang Andys Motor-

haube auf, sodass er den Rest der Strecke mit Blick aus dem Seiten-
fenster fuhr und damit gleich einen original Sketchy-Eindruck bei
den Kletternerds auf dem Parkplatz hinterließ.

Mia, Spencer und ich trugen 70-kg-Webbing in drei aneinan-
derhängenden Rucksäcken 400 Höhenmeter einen widerlichen Ge-
röllweg hinauf. Als wir oben ankamen, war die tschechische Crew,
bestehend aus Danny und Peto, die ebenfalls einen Slackline-Trip
durch die USA machten und sich spontan mit uns zusammengetan
hatten, schon fast auf dem Castleton-Turm angekommen. Die andere Seilschaft, Catrina aus den USA und Brent aus Kanada (Hunlen
Falls) waren noch im ersten *Pitch* auf das Gegenstück: The Rectory.

Nachdem wir viel herumgekraxelt waren und das Band im brü-
chigen Gelände zwischen den Türmen ausgelegt hatten, konnten
wir endlich an den Fixseilen der Kletterer hochsteigen. Oben angekommen zogen wir an einem weiteren Seil die Line hoch. Peto und
Danny machten das Gleiche auf der anderen Seite. Dann spannten
Spencer, Mia und ich das Band straff.

Während die Sonne bereits am orange-braunen Horizont unterging, startete ich noch den ersten Versuch des Tages, obwohl ich
schon völlig erschöpft war und nicht erwartete, sehr weit zu kommen.

Überraschenderweise hatte ich Kontrolle über die 490-Meter-
Nylon-Line, ein gutes »*Don't give a shit*«-Mindset und konnte bis zur
Mitte speedwalken. Ab dort wurde es stetig schwieriger. Das Backup
auf der anderen Seite war komplett tight, was die Line viel stärker
schwingen ließ. Zudem lenkte mich Levi's Drohne ab und meine
Arme waren von einem ganzen Tag klettern und riggen schwer wie
Blei.

Ich erinnerte mich an etwas, was Joel Pinnock drei Jahre zuvor in Smith Rock zu mir gesagt hatte: »*You gotta fight without desire.*« Ich sagte mir: ›Scheiß drauf, ob du gleich fällst, ist doch völlig egal. Eine Line »durchzulaufen« ist nur ein willkürliches Konzept. Lass es los. ‹

So nahm ich mir den Druck und machte unablässig einen wackeligen Schritt nach dem anderen. Als ich wider Erwarten nach einer halben Stunde drüben angekommen und immer noch nicht gefallen war, konnte ich es kaum glauben. Ich sprang mit dem letzten Schritt über die Kante und setzte somit zum ersten Mal einen Fuß auf den Castleton Turm, ohne ihn hochgeklettert zu sein. Doch mein Freudenschrei war nicht sehr laut, weil ich erst einmal vor Erschöpfung zusammensackte und mich auf den Felsen fallen ließ.

f 12. November 2017
CASTLETON. The longest highline in the United States with ~490m and now my longest Onsight walk. It was a freaking hard mission to get up there, rig and tension 500m of Nylon, but with the endless power and stoke of the French-Czech-Ameri-Ger-Nadian team we got it all done in a day. Just before sunset I had time for a first crossing and even though my body was tired, the mindset was right, my friends cheered me on and I managed to walk the whole line on the first attempt.

* * *

Ich darf allerdings nicht lange liegen bleiben, da es langsam dunkel wird. Meine Freunde auf der anderen Seite haben den Abstieg schon begonnen, und in der korrekten Annahme, dass ich die Line werde nicht mehr zurücklaufen wollen bzw. können, sogar meine Schuhe mitgenommen.

So beginnt die gruseligste Abseilaktion meines Lebens. Ich habe nur einen einzigen Schraubkarabiner sowie meinen Hangover ohne Schraubverschluss. Den ersten klippe ich mit einem Munter Hitch an das Fixseil, das die Tschechen an diesem Turm installiert haben. Ich beginne, mich langsam die 100 Meter hohe Wand abzuseilen, barfuß und so kraftsparend und dennoch zügig wie möglich, denn meine Hände können schon fast nicht mehr greifen.

Dann wartet mitten in der Wand eine Horrorsituation auf mich: Anstatt, dass ein einziges Seil zum nächsten Standplatz führt, wie es mir vorher kommuniziert wurde, sind einen Meter unter mir zwei Seile mit einem Doublefisherman-Knoten mitten in einer aalglatten, senkrechten Platte zusammengeknotet. Es ist unmöglich, diese Stelle mit dem Munter Hitch zu passieren. Das Seil läuft einmal um meinen Karabiner und klemmt sich selbst ab. Ein Knoten würde nicht vorbeikommen, solange jemand am Seil hängt! Außerdem basiert diese Abseiltechnik allein auf Reibung, ich müsste also ständig das Seil unter mir festhalten, sonst würde ich durchrutschen.

Unter mir ist kein Absatz, nichts, worauf ich stehen oder mich wenigstens mit der anderen Hand oder dem Ellenbogen abstützen könnte. Doch über mir befindet sich noch eine Seilschaft, die wohl bei Einbruch der Dunkelheit oben ankommen will. Deren ein Meter neben mir herunterbaumelndes Halbseil ist gerade so in Reichweite und rettet mir möglicherweise das Leben.

Ich rufe ihnen irgendetwas auf Englisch zu und versuche, ihnen so kurz und knapp wie möglich meine zugegebenermaßen wirklich dämliche und nicht ungefährliche Situation klarzumachen. Sie sind Gott sei Dank gerade am Standplatz etwa 10 Meter über mir. Sie sichern sich und fixieren das Seil, das zu mir herunterhängt. Ich schaffe es irgendwie, mit einer freien Hand einen Sackstich in ihr Seil zu binden und mich mit meinem Hangover, dem ohne Schraubverschluss, daran zu hängen.

Das Seil der Kletterer dehnt sich, ich rutsche einen knappen Meter weiter herunter und schaffe es nur unter großen Schmerzen in den Fingern, irgendwie meinen Munter Hitch aus dem oberen Strang des Fixseils zu lösen. Meine Unterarme sind aufgepumpt wie nie zuvor. Meine Arme und Beine zittern. Lange werde ich diese unbequeme Position nicht mehr halten können. Außerdem merke ich, wie die Kälte anfängt, meine Glieder hinauf in Richtung Körperzentrum zu wandern. Für Angst ist in dieser Situation keine Zeit, ich muss jede Sekunde nutzen und handeln.

Mit zitternden Fingern klippe ich den Schraubkarabiner mit einem Munter Hitch an den Strang des Fixseils unterhalb des Knotens. Dieser grauenvolle Knoten mitten in der Wand, hätte der nicht woanders sein können ... Ein letztes Mal muss ich meine nackten Füße gegen die aalglatte Wand pressen. Mit der linken Hand halte ich mich am Fixseil über mir fest, um den Hangover, mit dem ich noch am Seil der Kletterer hänge, entlasten und öffnen zu können. Endlich kann ich mich wieder mit dem vollen Gewicht an das Fixseil hängen, welches mich von diesem gottverdammten Felsturm führt.

Unten angekommen spüre ich einen Hauch von Erleichterung, endlich wieder festen Boden unter den Füßen zu haben. Ich ignoriere die Kälte in meinen Gliedern, das Knurren meines Magens und die kleinen Blutspuren an meinen Unterarmen und Schienbeinen. Nachdem ich barfuß im Schneckentempo das letzte Geröllfeld überquert habe, stoße ich endlich auf den Pfad, auf dem Spencer und die anderen mit meinen Schuhen auf mich warten. Sie gratulieren mir zu meiner Erstbegehung der Line und fragen, ob es mir gut geht. Ich kommentiere mit einem kurzen: »*Well, I'm alive.*« Ich bin zu geschafft, um mich laut zu freuen oder High Fives zu verteilen.

Mit schmerzverzerrtem Gesicht und immer noch leicht geschockt von dem Erlebnis humpele ich ihnen hinterher in Richtung Parkplatz. Das hätte wirklich auch anders ausgehen können ...

* * *

Fruit Bowl

Bald kamen wieder bessere Zeiten. Nachdem Mia, Spencer und Danny ebenfalls die Begehung der Castleton-Highline gelungen war, beendeten wir das Projekt gerade rechtzeitig zum Beginn des berühmt-berüchtigten, mit über 500 Besuchern größten Highline-Festivals der Welt: GGBY, kurz für »*Gobble-gobble, bitches, yeah*«.

Gobble-gobble soll der Schrei eines Truthahns sein, da sich das Highline-Fest mit Thanksgiving überschneidet. Traditionsbewusst. Es findet jährlich an der »Fruitbowl« statt, einem riesigen Sandstein-Canyon, 40 Kilometer von Moab entfernt. Kaum ein Ort der Welt wird so viel beslackt wie dieser: Man kann die Highlines sogar auf Google Maps sehen!

Für meinen ersten Tag an der Bowl hatte Ryan Jenks, den ich zwei Jahre zuvor in Yosemite kennengelernt hatte, eine besondere Überraschung für mich vorbereitet: ein Ropeswing in den 100 Meter tiefen Canyon. Ich kannte das schon aus Deutschland: Julian und Julius, dieselben Freunde, mit denen ich meine erste Highline-Erfahrung gesammelt hatte, waren schon mit 17 Jahren auf die glorreiche Idee gekommen, an zwei Kletterseile angebunden von einer 50 Meter hohen Eisenbahnbrücke zu springen. So lernte ich zum ersten Mal den freien Fall kennen. Fast 20 Minuten brauchte ich damals, bis ich es endlich den ersten Absprung in die Tiefe wagte. Zwei Sprünge später waren es ein doppelter Rückwärtssalto und ein Auerbach – einige Wochen darauf war ich der Erste, der einen dreifachen Rückwärtssalto in das Pendelseil sprang.

Hier auf dem GGBY wartete nun ein doppelt so langes Seil auf mich. Aber das alleine wäre ja noch kaum eine Überraschung. Ich hatte diesen sagenumwobenen Highline-Ort bisher nur in Fotos und Videos gesehen. Wie wäre es also, wenn mich Ryan mit verbundenen Augen vom Parkplatz zur Fruitbowl geleiten, mich in den Ropeswing einbinden würde und ich meine ersten sehenden Sekunden mit einem Sprung in den sagenumwobenen Highline-Canyon verbrächte? Eine geniale Idee, zu der man kaum Nein sagen kann.

Der Fußweg über Geröll und Sand fühlte sich trotz Ryans Geleit mit verbundenen Augen noch viel mulmiger an, als blind über eine Highline zu laufen. Am Canyon angelangt, legte ich den Gurt an, ließ mich von Ryan einbinden und mir von Mia und Spencer jeweils mehrmals versichern, dass die Knoten, Karabiner und Seile allesamt korrekt angebracht waren.

»*Ok guys, I'm ready*«, sagte ich, während mein Herz schneller und schneller schlug.

Meine Freunde starteten ihren Countdown im Chor: »*Five, four, three* ...« Bei »*two*« zog ich wie vereinbart meine Augenbinde runter, da ein völlig blinder Absprung und freier Fall doch zu gefährlich wäre. »*One – Welcome to Moab, Friedi!*« Kaum hatte ich geblinzelt und die rotbraunen Felsen um mich herum und den Abgrund vor mir wahrgenommen, rannte ich schon darauf zu und sprang ab. Es folgte ein ungefähr drei Sekunden langer, freier Fall, Freudenschreie und ein riesiger Pendler. Beim Zurückschwingen nahm ich bereits die imposanten senkrechten Felswände und die ersten Highlines über mir wahr. Kein schlechter Start für eine Woche an der Fruitbowl!

Es folgten viele Sessions auf 20 neuen Highlines, viel Wiederbeleben sowie Knüpfen neuer, internationaler Freundschaften und die wildesten Parties, die ich je erlebt habe. Die amerikanischen Slackliner wissen einfach, wie man feiert. Vor allem in der Wüste. Thanksgiving-Festmähler auf Campingtischen, Akrobatik- und Feuershows im Sand unter dem Sternenhimmel und nicht wenige Slack-Hippies, die zu dröhnender Technomusik splitternackt um völlig überdimensionierte Lagerfeuer tanzten. Manche behaupten, ich sei mittendrin gewesen.

Außerdem wurde mir die Ehre zuteil, einer Hochzeit auf einem Space-Netz zuzuschauen. Aus nächster Nähe, nämlich im Exposure-Turn auf einer langen Highline stehend, beobachtete ich, wie Ryan und seine Frau Kim sich auf einem Netz in 200 Meter Höhe über der Schlucht das Ja-Wort gaben. Spektakulär und rührend. Vielleicht kullerten mir auch ein paar Tränen durchs Gesicht. In jedem Fall dachte ich: ›Irgendwie cool, dieses Heiraten. Hoffentlich finde ich auch irgendwann eine Frau, die verrückt genug ist, das mit mir zu machen.‹

Ohne Moos nichts los.

Manch einer fragt sich vielleicht, wie ich mir die vielen Reisen und das Studium in München finanzierte. Die kurze Antwort lautet: Slackline- und Highline-Workshops für Anfänger, Live-Shows und Keynote-Vorträge auf Firmenveranstaltungen. So balancierte ich mal über die Donau, mal zwischen Kirchtürmen, mal über das Olympiastadion, und erst im vergangenen Sommer (2022) über das Münchner Tollwood-Festival.

In der Weihnachtsausgabe von *Wetten, dass..?* im Dezember 2013 hatte ich meinen ersten großen Fernsehauftritt, bei dem ich zwar haarscharf am Wettkönig vorbeischlitterte, aber das Fundament für meine Karriere als Profi-Slackliner legte.

In meinen 20ern brauchte ich darüber hinaus nicht viel zum Leben. Während der ersten Hälfte meines Studiums wohnte ich in einer kleinen WG, dann kamen drei Jahre in einem winzigen Studentenbungalow im olympischen Dorf, unterbrochen von meinem Jahr in den USA. Später, zwischen den großen Reisen, einige Wochen im Gästezimmer meiner Eltern in Bad Aibling.

Ich aß, wie es unter Studenten üblich war: viele Nudeln, viel Reis und viel Gemüse. Während der Wintersemester schaffte ich es manchmal sogar, mich beinahe komplett vom »Containern« zu ernähren. Das nächtliche Durchwühlen von Supermarkt-Mülltonnen begann gemeinsam mit meinen Münchner Kumpels gleichermaßen als Nervenkitzel und aus ökologischer Überzeugung. Es bedeutete im Nebeneffekt aber auch, dass man, wenn man es regelmäßig und mit Plan betreibt, eine Menge Geld einspart. Verzicht fiel mir in diesen Tagen nie schwer. In meiner Slackline-Community fühlte ich mich auch ohne materiellen Luxus immer reich und sorglos.

Dean Potter sagte einst: »*Fame and finance have to be second to the drives for perfection and new extremes or the latter wouldn't be strong enough to happen.*«

Wenn mich also heute jemand fragt, wie man Profi-Slackliner wird, so antworte ich meistens sinngemäß: »Wer sich zu Beginn schon diese Frage stellt, wird es wahrscheinlich nie. Man muss Slacklinen lieben und auf alles andere scheißen. Nur so wird der Sport auf natürliche Art und Weise zu deiner Leidenschaft, deinem Glück und vielleicht irgendwann, mit sehr viel Geduld, auch zu deinem Lebensunterhalt.«

Dream Lines

M it dem schönsten Ort, an dem ich je war, hatte ich noch eine Rechnung offen. Drei Jahre, nachdem ich mir geschworen hatte, irgendwann ins Yosemite-Tal zurückzukehren, waren meine Slackline- und Kletterskills auf einem völlig anderen Level. Nun würde ich das Highline-Potential dieses magischen Ortes voll ausschöpfen können. Der perfekte Partner in Crime stand längst fest: Lukas.

Im Oktober 2018 hatten wir vieles gemeinsam. Wir waren beide als hauptberufliche Slackliner zeitlich flexibel und durch etliche Highline-Aktionen mit dem Rigging- und Arbeitsstil des anderen vertraut. Und wir wollten keine Zeit verschwenden. Wenn wir gemeinsam eine Reise planten, war von vornherein klar, dass wir aus jedem Tag und jedem Ort das Beste herausholen würden. Wir hatten Glück: Der junge australische Slackline- und Abenteuer-Fotograf Aidan Williams war gerade an der amerikanischen Westküste unterwegs und hatte Lust, uns zu begleiten. Damit würde unser Trip auch angemessen abgelichtet werden.

Weitere Unterstützung kam von dem kalifornischen Slackline-Freak schlechthin: Ryan Jenks. Er war sofort begeistert: zwei europäische Slackline-Pros in seiner Hood! Das würde ordentlich Stoff für seinen YouTube-Kanal geben.

Über Ryan sollte man wissen, dass er, wenn es um Planungen geht, ein Fanatiker ist: Alles muss bis ins letzte Detail vorbereitet sein. Für ihn ist der Aufbau, das »*Puzzle solving*«, wie er es nennt, oft ein größeres Vergnügen als die Highline selbst. Das merkt man auch, wenn man sich eines der über 400 Videos auf seinem YouTube-Kanal »Hownot2« (ehemals »Hownot2highline«) anschaut. Alle Szenen, in denen der selbsternannte »*Rigging Nerd*« etwas erklärt, sind vor einer Wand aufgenommen, die mit den buntesten, auserlesensten, exotischsten Sicherungs- und Abseilgeräten sowie Slackline-Bandklemmen behangen ist. Alles blinkt und glitzert wie Schmuck und ist wahrscheinlich in Summe nicht weniger Wert. »*Gear Porn*«, so nennen das echte Freaks wie er.

»*I'm not very good at walking highlines*«, hat Ryan einst zu mir gesagt, »*but I'm quite professional at rigging them. And I love it.*«

So war das Team komplett und unser Ziel stand – noch vor unseren inneren Augen – fest: der Lost Arrow Spire im Yosemite Nationalpark, die berühmte freistehende Steinsäule mit etwas über 2.100 Metern Höhe. Doch diese Ikone mussten wir uns erstmal redlich verdienen.

So begann mein zweiter Trip ins Märchental mit demselben zähen, vierstündigen Aufstieg, den ich dreieinhalb Jahre zuvor zum Yosemite-Wasserfall gemacht hatte. Mit von der Partie: Lukas, Ryan, seine Frau Kim, Zollie und Kyle. Oben angekommen bauten wir gleich unsere Zelte auf und gingen früh schlafen, um genug Energie für den nächsten Tag zu haben.

Am nächsten Morgen war unsere Motivation enorm. Der Lost Arrow Spire sollte nicht mit einer, nicht mit zwei, sondern mit drei Highlines gebührend beslackt werden. Ryan hatte sie als California

Local alle schon einmal aufgebaut, jedoch noch nie alle auf einmal. Lukas und ich waren hibbelig und nervös vor Vorfreude. Der sagenumwobene Lost Arrow Spire, vor dem ich drei Jahre zuvor schon während unserer Stirnlampenwanderung gestanden hatte. Der berühmteste Highline-Spot der Welt. Und ein Meilenstein in Sachen Free Solo. Hier waren weniger als 10 Leute jemals ungesichert gelaufen, unter anderem Andy Lewis, Michi Kemeter und Dean Potter. Und die zählten in meinen Augen bereits zur Slackline Hall of Fame. Allerdings waren sie bei ihrer ungesicherten Begehung fast alle bei der kürzesten Line geblieben. Aber da waren ja noch die 30 und 50 Meter langen Strecken daneben, ungleich höher und furchteinflößender. Von denen träumte ich schon lange vor unserem Trip ...

Ryan und Lukas bildeten die Seilschaft, die auf den Spire klettern würde. Während ich mich mit einem weiteren Kletterseil, einer Tagline und einem großen Rucksack voller Slackline daran machte, auf der anderen Seite etwas weiter aufzusteigen. Ich musste mich dabei relativ nah an der Kante bewegen und immerzu Schnur ausgeben – Kyle hielt das andere Ende in der Hand und würde es später an ein Seil binden, das Ryan ihm vom Spire aus zuwerfen wollte. Schließlich war ich genau oberhalb des Wandankers für die 50-Meter- Line und seilte mich zu den Bohrhaken ab. Zollie und Kim bereiteten derweil das Equipment für die anderen beiden Lines vor.

Ich kann mich nicht mehr an alle Details der folgenden Stunden erinnern, aber irgendwo zwischen Abseilen, auf die anderen warten und Line spannen blieb anscheinend genug Zeit für ein kleines Selfie Video: Es zeigt mich mit dem (ungesicherten) Handy in der einen Hand und der anderen Hand am Grigri. Die leicht gespannte Tagline zwischen den Zähnen eingeklemmt blickt die Kamera unter mir in einen 500 Meter tiefen, senkrechten Abgrund bis zum Boden des Yosemite-Tals. Da kommt Freude auf.

Als nach nur wenigen Stunden mit vereinten Kräften tatsächlich alle drei Lines aufgebaut und gespannt waren, kam Ryans Ruf vom Spire: »*Fuck! It's perfect. German efficiency meets American gear porn.*«

Die Spiele konnten beginnen. Wir tobten uns aus, während Kyle uns vom Rand der Klippe aus mit seiner Ukulele serenierte. Surfen, bouncen, Tanzen, Static Tricks, das übliche Programm auf Highlines von überschaubarer Länge. Nur, dass diese Lines in nicht gerade überschaubarer Höhe waren. Die beiden längeren hatten circa 500 Meter Luft unter sich, die kürzere »Classic« nur etwa 100 Meter weniger. Bis zum Boden des Tals waren es nochmal gute 500 Höhenmeter mehr. In Sicht- und Hörweite rauschte der ikonische Yosemite-Wasserfall in die Tiefe und veranschaulichte uns die Dimensionen des Ortes. Ich fühlte mich unwillkürlich an die Hunlen Falls in Kanada erinnert.

Ich spürte auf diesen Lines keinerlei Höhenangst mehr. Im Gegenteil, ich liebte es, den Abgrund unter mir zu haben. Ich stand oft minutenlang im Exposure turn und blickte hinunter ins Tal, versuchte meinen Blick an verschiedenen Stellen scharf zu stellen, um vielleicht Autos oder sogar Menschen zu erkennen. Ich spielte mit diesen »*Visuals*«, blickte abwechselnd in die Ferne, direkt in die Tiefe und dann wieder auf meine Füße, anderthalb Meter unter mir. Der Sicherungsring zwischen meinen Füßen. Dann das zweieinhalb Zentimeter schmale Band. Dann nichts. Immer wieder absurd, was für Erfahrungen wir Menschen machen. Ob ein Vogel es zu schätzen weiß, was für ein Privileg es ist, in den Lüften zu Hause zu sein?

Es dauerte nicht lange, da liefen Ryan und Kim nackt über die Highlines, während Lukas und ich uns abwechselnd an den ersten Handständen auf der 15-Meter-Line versuchten. Wir hatten uns viel vorgenommen. Auf normalen Slacklines knapp über dem Boden schaffte man schon mal zehn Sekunden, Lukas manchmal sogar noch mehr. Aber auf der berühmtesten Highline der Welt einen Handstand machen? Das wäre ein weiterer »World's First« und ein wahrhaft postkartentaugliches Bild. Am Ende war es viel schwieriger als erwartet. Die Höhe macht eben doch etwas mit dem Gleichgewicht, vor allem, wenn die Welt auf dem Kopf steht. In meinem besten Versuch hatte ich die Füße vielleicht zwei Sekunden lang oben. Genug für einen Schnappschuss, aber nicht wirklich elegant. Mir war es egal, denn eigentlich hatte ich mir ja ein ganz anderes Ziel für diese Lines, und ich glaubte, die anderen ahnten es bereits.

»When there's a death consequence, when you are doing things that if you mess up you die, I like the way it causes my senses to peak.« – Dean Potter

Ich muss zugeben, dass, obgleich ich in den Monaten zuvor viele 30, 40, 50 Meter lange Free Solos gelaufen war, mir ein bisschen mulmig wurde bei dem Gedanken, die Classic Lost Arrow Spire Line ohne Sicherung zu laufen. Bei 15 Meter Länge würde ich beim Aufstehen den Anker fast unmittelbar hinter mir haben. Es würde sich sperrig anfühlen, fast wie auf den alten Tricklines, die nun wahrlich Jahre zurücklagen. Konnte ich so eine Line überhaupt noch fangen, wenn ich das Gleichgewicht verlor? Außerdem: Wir verankerten diese Line nur auf der Turmseite wie üblich mit Bohrhaken. Auf der Wandseite steckten wir mehrere Cams und Klemmkeile in eine Felsspalte und befestigten daran den Highline-Anker. Würden diese auch wirklich keinen Millimeter nachgeben?

Ich testete die Line noch einige Male mit Sicherung, kontrollierte jeden Punkt. Ging tief in die Knie, um mich wieder an die alte Balanciertechnik der kurzen Lines zu gewöhnen. Und sprang vor allem auch mal ordentlich in die Sicherung, um das ganze System maximal zu belasten. Keiner der Klemmkeile gab nach. Alles fühlte sich an wie es sollte.

»It's just Friedi being Friedi«, kommentierte Ryan später vor laufender Kamera, als ich tat, wofür ich hergekommen war. Ich ging zum Ende, legte die Sicherung ab und setzte mich sofort wieder auf die Line.

Es ging los. Ich machte langsam und sehr vorsichtig einen Schritt nach dem anderen, war mir der Gefahr bewusst, aber nicht allzu nervös. Das richtige Level an Wachheit und Präsenz war da. Nicht zu viel Anspannung und nicht zu wenig. Es war beinahe ein Witz. Ich war schon in der Mitte der Line. Weniger als 20 Schritte verblieben bis zum Ende. Kaum zu glauben, dass so eine kurze Line so viel Berühmtheit erlangt hat.

Wenn die körperliche Herausforderung gering ist, ist die mentale Herausforderung, das Ego unter Kontrolle zu halten, oft umso größer. Man muss umso mehr aufpassen, nicht leichtsinnig zu werden. Das war hier der Fall. Also ging ich die letzten Meter gezielt noch langsamer und vorsichtiger und behielt beim letzten Schritt auf den Felsen die ganze Zeit die Line im Blick, um sie notfalls fangen zu können.

Als ich das Ende der Line erreicht hatte, gab ich ein verhaltenes »Juhuu« von mir, weil ich noch längst nicht am Ziel war. Auf den Rückweg kam es an, denn auf diesem würde ich mein Ritual abhalten: In der Mitte stehen bleiben und seitlich nach unten schauen. Das hatte ich schon lange nicht mehr auf einer so kurzen Line gemacht.

Ich ging also den Weg zurück zur Mitte und blieb stehen. Ein bisschen mehr Adrenalin kam dann schon auf. Aber es verlief wieder alles nach Plan, und als ich drüben ankam, wo Lukas auf dem Spire saß und mir zusah, war der Jubelschrei umso größer.

»Du verrückter Hund, du«, grinste mir Lukas zu.

Ich war richtig gut drauf. Und das Timing war ebenfalls gerade richtig gewesen, denn es kam langsam Wind auf. Ich warf einen Blick auf die nächstlängere 33-Meter-Line, die schon leicht in den Windböen zitterte, und sagte mir: ›Mit der wird das heute nichts mehr.‹

Quit while you're ahead

Am nächsten Tag stand ich besonders früh auf, um dem Wind zuvorzukommen. Nach einer kurzen Yoga-Session seilte ich mich ab zum Ankerpunkt der Classic Line und lief über sie zum Felsturm, um mich von dort auf die 33-Meter-Line begeben zu können. Was war los mit mir? Ich hatte es doch sonst nie so eilig, ein Free Solo hinter mich zu bringen ... Irgendetwas war anders mit dieser Line. Na ja, nicht irgendetwas. Sie war 500 Meter hoch!

Die Wände gingen senkrecht runter. Manchmal kam vom Yosemite Wasserfall in der Nähe kalter Wind von unten. Und die Line war definitiv schon etwas anspruchsvoller zu laufen als die 15-Meter-Classic von gestern. Das Band war Skypilot, ein Nylon-Flachband, schwerer und wackeliger als das leichte Schlauchband der kürzeren Line. Außerdem war sie »Off-level«, ging also in eine Richtung etwas bergauf.

Ab 30 Meter werden Lines interessant. Für viele beginnt dort die Grenze zur Longline. Für mich kein Problem, aber von den ohnehin schon sehr wenigen Menschen weltweit, die jemals Free Solo gelaufen sind, sind die allermeisten im 20–30 Meter Bereich geblieben. Ich denke, in erster Linie war es der Ort, der mir ein leicht mulmiges Gefühl bescherte. Ich ignorierte es. Ich rief mir stattdessen in Erinnerung, wie sicher ich beim Catchen war. Sollte irgendetwas schiefgehen, ich mich nur ansatzweise unwohl fühlen oder meine Meinung ändern, dann wusste ich, dass ich binnen eines Sekundenbruchteils die Line fangen und sicher auf ihr sitzen würde.

Also rutschte ich auf der Line einen Meter von der Wand weg, schüttelte wie immer meine Arme aus und stand auf. Und es war ... wackelig. Deutlich wackeliger als erwartet. 33 Meter sollten doch nicht so stark schwingen! Ich war verkrampft. ›Ausatmen!‹ Der Angst entgegenzusteuern, ist die oberste Devise. Wenn die Angst vor dem Fallen erstmal den Körper erfasst, balanciert man schlechter und das Fallen wird nur umso wahrscheinlicher. In diese potentiell tödliche Spirale darf man beim Free Solo nicht reinkommen. Aber ich kannte meine Fähigkeiten. Der rationale Teil meines Gehirns behielt die Oberhand. ›Ausatmen‹ hieß das Zauberwort. Die Line fühlen, kennenlernen, den ersten Schritt machen, wie ich es schon tausende Male zuvor gemacht hatte ...

∗ ∗ ∗

Es klappt. Der erste Schritt kommt. Es sieht sicher nicht so weich und kontrolliert aus, wie es sollte. Aber wen kümmert es, wie es aussieht, ich bin nur für mich hier! Diese Line will ich mir jetzt holen. Bei den nächsten Schritten zittere ich etwas weniger. Aber eine Grundnervosität bleibt. Ich darf nur nichts überstürzen. Das Ende ist 30 Meter von mir entfernt. Theoretisch schnell zu erreichen, aber jeder Schritt muss perfekt sein. Ich kann mich nicht erinnern, die Höhe je zuvor bei einem Solo so stark gespürt zu haben. Es kickt sogar noch mehr als meine allererste ungesicherte Begehung.

Ich befinde mich mittlerweile ungefähr in der Mitte und muss mich wirklich zusammenreißen. Das dehnbare Band schaukelt sich immer wieder auf und gibt mir alle Fehler, die ich mache, unmittelbar zurück. Ich bin dankbar für das Ausdauertraining auf den vielen langen Lines, denn meine Schultern und Oberarme fangen schon an, leicht zu brennen. Dabei stehe ich noch keine drei Minuten auf dem Band. Es ist die Anspannung wegen der Bedeutung dieses Moments. Hinzu kommt, dass ich im letzten Viertel mit jedem Schritt noch langsamer werde. Ich bin immer noch leicht irritiert darüber, wie schwer mir dieses Solo fällt, aber gleichzeitig bin ich dankbar. Diese Line ist »*Next level shit*«. Ich will sie gerade deshalb Solo laufen, weil sie einem das Herz in die Hose rutschen lässt. Und da muss ich, nein, will ich durch. Ich weiß, dass mich meine Ausdauer und Konzentration nicht im Stich lassen werden.

Nur noch wenige Meter sind übrig. Meine Arme brennen immer mehr, ich kann aber dennoch langsam aufatmen, da ich weiß, dass ich die Line nun zu Ende laufen werde. Als ich endlich die Hand am Anker habe und mich hinsetze, schreie ich nicht auf vor Freude und lasse auch nicht zu, dass all die angespannte Konzentration und Wachheit von mir abfällt. Dazu besteht kein Grund. Ich muss im Flow bleiben, um wieder zurückzulaufen. Ich befinde mich mitten in einer 500 Meter hohen Felswand, ohne Gurt oder Seil.

Ich mache keine lange Pause, sondern schüttele nur kurz die Arme aus und drehe mich zum Spire um. Ich weiß, dass ich die Line laufen kann, ich habe es ja gerade schon einmal gemacht. Aber ich befinde mich nun auf der höheren Seite, die Line geht vor mir deutlich steiler bergab, als man es vom normalen Durchhang auf einer 33-Meter-Line erwarten würde. Das heißt, ich muss mich zurücklehnen und deutlich mehr Gewicht auf den hinteren Fuß bringen.

Der Turm kommt mir wahnsinnig weit weg vor. Es ist beinahe so, als wäre die Line länger geworden. Ich verstehe mehr und mehr, dass dies hier kein normales Free Solo ist. Es ist die Superlative. Die ultimative mentale Herausforderung. Darüber muss ich innerlich schmunzeln. Genau so soll es doch sein, oder? Das ist, was ich gesucht habe.

Auch wenn ich nicht minder nervös bin, klappt das Loslaufen besser als beim Hinweg. Ich kann es selbst kaum verstehen: Irgendwie freue ich mich auf die Angst, die ich in den kommenden Minuten erleben werde. Denn ich weiß, dass ich gerade dabei bin, eine der tiefgreifendsten Erfahrungen meines Lebens zu machen. Etwas, das ich nie vergessen würde.

Diese Gedanken gehen mir durch den Kopf, während ich mich Schritt um Schritt der Mitte nähere. Abgesehen von diesen kurzen Gedankenfetzen – eigentlich waren es nicht einmal vollständige Gedanken, eher Emotionen, Hintergrundstimmungen – bleibt meine Konzentration voll und ganz bei den Bewegungen der Line, meiner

Körperhaltung und meiner Atmung. Ich bin mittlerweile in der Mitte angekommen und verlangsame meine Schritte, mache mich bereit für das, was gleich kommen würde: der Exposure turn.

Selten habe ich mich auf etwas so sehr gefreut und gleichzeitig so viel Angst davor gehabt. Als ich meine Füße zur Seite drehe und mein Blick langsam folgt, überwältigt mich die Höhe beinahe. Ich habe 500 Meter leeren Raum unter mir – und über einen Kilometer vor mir bis zur nächsten Wand. Völlig ausgesetzt und losgelöst. Ein echtes Free Solo. ›Alles andere ist *fake*‹, geht es mir durch den Kopf.

Die wenigsten Leute können sich vorstellen, wie es sich anfühlt, auf einem zweieinhalb Zentimeter schmalen Band zu stehen, während einen nichts vor dem Fallen bewahrt, außer das eigene Gleichgewicht. Sie beschreiben es mit Wörtern wie *unreal, out of this world, insane, absurd*. Für mich trifft nichts davon zu. Eher das Gegenteil ist der Fall. Wenn ich da oben stehe und nach unten schaue, endlich mein Leben zu 100 % in den eigenen Händen halte, bin ich erst in der Realität angekommen. Nicht dieser Moment, sondern eher alles andere fühlt sich *fake* an. Der Alltag. Die Gesellschaft. Die Routine. Es wirkt alles belanglos und ohne Bedeutung. Nebensächlich. Es ist kaum etwas dabei, was unter die Haut geht, woran man sich wirklich für immer erinnert, worauf man im hohen Alter und dann während seiner letzten Atemzüge und vielleicht im Jenseits stolz sein kann. Wir schauen ständig Filme, lesen Bücher, und erzählen uns Geschichten über Helden, mutige Leute, die etwas Außergewöhnliches tun. Ist es da verwunderlich, dass man der Held in seinem eigenen Film sein will?

Doch diese Gedanken habe ich erst später. Als ich im Full Exposure auf der höchsten Line stehe, die ich bis dahin ohne Sicherung gelaufen bin, denke ich an ... nichts. Ich bin im Flow. Die Zeit vergeht, ohne dass ich es merke, weil meine Eigenzeit stillsteht. Es ist das Gefühl, das wir im Extremsport suchen, vielleicht sogar das, was jeder im stinknormalen Sport oder in seinen Hobbies sucht. Mein Blick schweift über die Nadelwälder in der Ferne unter mir, an den grauen, schroffen Felsen und gigantischen senkrechten Wänden entlang, vorbei an den in die Tiefe rauschenden Wassermassen der Yosemite Falls, und ich fühle mich auf einmal stärker mit der Natur, mit der Welt verbunden als je zuvor. Die Angst ist noch da, aber ich lasse mich auf sie ein, vertraue darauf, dass sie genau bei diesem elektrisierenden Niveau bleibt und nicht in Panik überschlägt. Ich drehe mich langsam wieder Richtung Spire, atme laut aus und balanciere weiter.

Auf den letzten Metern frage ich mich wieder einmal, ob ich eigentlich spinne. Bin ich normal? Bin ich geisteskrank? Das, was ich hier tue, ergibt keinen rationalen Sinn. Und doch fühlt es sich zu 100 % richtig an. Es ist *primal,* eines meiner Lieblingswörter, welches sich nur schwer aus dem Englischen übersetzen lässt. Ursprünglich. Elementar. Mit den Anfängen der Menschheit verbunden, einer Zeit, in der wir jeden Tag ums Überleben kämpften und wirklich noch eins mit der Natur waren.

Als ich endlich den allerletzten Schritt mache und mein Fuß wieder Felsen unter sich spürt, gebe ich einen tiefen, kehligen, triumphierenden Schrei von mir. Ich werde geflutet von etlichen Gefühlen, es überwältigt mich beinah. Ich bin dankbar, stolz und erleichtert. Gleichzeitig fühlt es sich an, als bin ich mit dem Betreten festen Grundes in die Wirklichkeit zurückgekehrt, aus einem Traum erwacht. Oder ist es andersrum? Ist die Zeit auf der Line die Wirklichkeit und jetzt träume ich wieder? Bin wieder eingesperrt in der Matrix?

Ich muss mich hinsetzen, erstmal alles verdauen, das Adrenalin langsam abflauen lassen. Da bemerke ich Lukas, der auf der anderen Seite der Schlucht in der Sonne sitzt, mir zuwinkt und lachend den Kopf schüttelt. Er muss mir spätestens ab dem Rückweg zugesehen haben. Ich lache auf, schüttele ebenfalls den Kopf und winke zurück, mache ein Achselzucken – als will ich sagen: »Tja, es hilft nichts ...«

Und dann bin ich mir sicher. Das hier ist die Realität, und der Moment auf der Line ebenfalls. Und ich sage zu mir selbst, dass alles gut ist, so wie es ist, auch wenn sich einem der Sinn nicht immer erschließt: ›Hör lieber auf, so viel drüber nachzudenken, sei glücklich über das, was du schon erreicht hast, und bleib vor allem dann wachsam, wenn dein Ego droht, das Ruder zu übernehmen. So wie einst die römischen Kaiser immer jemanden neben ihrem Thron sitzen hatten, dessen einzige Aufgabe es war, sie wieder und wieder an ihre Sterblichkeit zu erinnern.‹

* * *

»Strebe nach Ruhe, aber durch das Gleichgewicht, nicht durch den Stillstand deiner Tätigkeit.« – Friedrich Schiller

Die nächsten Tage vergingen wie im Flug. Wir bauten die drei Lines ab, begaben uns auf einen langen, harten Abstieg und fuhren, kaum dass wir unten ankamen und in der Lodge unser obligatorisches Philly Cheese Steak vernichtet hatten, auf der anderen Seite des Tals wieder hoch. Wir zelteten irgendwo im Wald, um am nächsten Tag früh am Taft Point zu sein, genau dem Aussichtspunkt, an dem ich knapp dreieinhalb Jahre zuvor mit Joel gewesen war und von dem Dean Potter den letzten Base Jump seines Lebens gemacht hatte. Hier wollte Ryan einen schon vor langer Zeit aufgestellten Plan in die Tat umsetzen: eine neue Yosemite Rekorddistanz. Einen »1.000 Footer«, eine 296 Meter lange Highline, die in der Mitte mehr als doppelt so hoch war, wie sie lang war.

Es fühlte sich einfach nur großartig an, wie gut der Aufbau mit diesem Team klappte. Ryan flog gekonnt die Drohne mit einer Angelschnur rüber, Lukas und ich nahmen sie entgegen, zogen die Tagline rüber und schließlich das Hightech-Highline-Setup: leichtes, Low-stretch Spider Silk 2 von Balance Community.

Wir funktionierten alle wie perfekt geölte Zahnräder einer einzigen großen Maschine. Das ließ Ryans Rigger-Herz schneller schlagen. In Windeseile war die Line fertig gespannt, und trotz allgemeiner Erschöpfung holten sich Lukas, Kyle und ich alle unseren Send dieser neuen Brücke durch den amerikanischen Himmel. Yosemites längste Line war begangen, Ryan und Kim schossen ihre Fotos und drehten Videos – und das »*Germerican Team*« feierte einen weiteren Erfolg am Lagerfeuer.

Während all dessen planten Lukas und ich bereits das nächste Abenteuer.

Die schönste Highline aller Zeiten

Der Yosemite Nationalpark umfasst weit mehr als nur das berühmte Yosemite Tal mit seinem Half Dome, El Capitan, Campingplätzen und Luxushotels. Da gibt es noch die Cathedral Range im Norden, eine atemberaubende Bergkette, die Teil der noch viel größeren Sierra Nevada ist. Der mit 3.326 Metern höchste Berg dieser Range trägt den Namen Cathedral Peak, und dieser wiederum hat einen leicht vorgelagerten Westgipfel mit dem Namen Eichorn Pinnacle, benannt nach Jules Eichorn, einem deutsch-amerikanischen Hobby-Bergsteiger, dem im Jahr 1931 die Erstbegehung der einsamen Felsnadel gelang.

Wie beschreibt man Nostalgie? Es ist etwas unendlich Persönliches. Egal, wie sehr man sich anstrengt, anderen mit Worten das Gefühl zu vermitteln, das einen überkommt, wenn man an einen Menschen, einen Ort, eine Zeit zurückdenkt, man scheitert doch meistens. Ich will einfach nur Folgendes sagen: Cathedral Peak ist einer der schönsten Orte, an denen ich je war, und die Highline am Eichorn Pinnacle ist bis heute noch mein absoluter Favorit unter immerhin mehr als 700 Highlines weltweit, die ich in meinem bisherigen Leben gelaufen bin.

Dabei ist sie technisch betrachtet relativ unspektakulär. 65 Meter lang, in der Mitte etwa 50 Meter hoch mit einem steilen 200–300 Meter hohen Abhang auf der einen Seite, der die Line zumindest höher wirken lässt, wenn man auf ihr steht. Die Kletterroute auf den Turm besteht aus zwei Seillängen im oberen Viererbereich, schön, aber nichts allzu Außergewöhnliches. Der Aufbau geht ebenfalls vergleichsweise einfach und dauert keine zwei Stunden, wenn man erst mal den Turm mitsamt Tagline erklommen hat und der Rest des Teams einigermaßen trittsicher ist.

Nein, was diese Highline für mich so phänomenal macht, ist ihre Umgebung. Man kann auf der Felsnadel oder später in der Mitte der

Highline stehen, langsam den Blick um 360 Grad schweifen lassen – und man sieht nichts, aber auch wirklich gar nichts von Menschenhand Geschaffenes, außer vielleicht die Highline selbst. Keine Spur von Zivilisation. Keine Häuser, keine Straßen, keine Strom- oder Funkmasten, noch nicht einmal Wanderpfade und schon gar keine Menschen. Und auch wenn die nächste Straße tatsächlich nur fünf Kilometer entfernt ist, so fühlt es sich doch wie der wildeste Ort an, an dem ich je war, noch wilder als Hunlen Falls. Beinähe, als wären wir in eine vergangene Zeit zurückversetzt worden, eine Urzeit lange vor der menschlichen Zivilisation.

Darum wünschte ich heute, wir hätten es damals nicht so eilig gehabt, die fünf Kilometer Wanderung hinter uns zu bringen, und uns alles genauer angeschaut. Aber wir durften eben keine Zeit verschenken, wenn man am selben Tag noch klettern, riggen und highlinen wollte. Und bei einer Line von dieser Distanz hieß highlinen bei weitem nicht nur »drüber laufen«. 65 Meter waren die perfekte Freestyle-Länge, und das wollten Lukas und ich maximal ausnutzen. Man bekommt selten die Gelegenheit mitten im Nirgendwo, umringt von nichts als Felsen, Seen und nicht enden wollenden natürlichen Nadelwäldern Yoda-Rolls, Shoulder Stands und sonstige New-Age-Highline-Tricks zu machen.

Dank Grant Thompson hatten wir wunderschöne Videoaufnahmen und dank Aidan Williams Fotos, die selbst ohne jegliche Nachbearbeitung den Eindruck eines magischen Paradieses erweckten. Außer ihnen mit dabei war der Yosemite Local Robbee Pitts, mit dem uns Ryan zusammengebracht hatte. Während der Wanderung erzählte uns der Ende 30-Jährige, der früher in der Army war: *»I walked my first slackline between two Humvees in Afghanistan.«*

Und ich dachte mir: ›Wow, US-Militärbasen in Afghanistan. Es gibt wirklich keinen Ort, an dem nicht geslackt wird.‹

Ich war dankbar für so ein kleines Team, von dem überhaupt nur zwei Leute ernsthaft auf die Line wollten. Robbee machte zwar auch einen kurzen Versuch, die meiste Zeit blieb aber für Lukas und mich. Wir wechselten uns alle 45 Minuten ab und kosteten dieses Wunderwerk, das vor uns überhaupt erst zwei Mal aufgebaut worden war, so richtig aus. Und natürlich konnte ich es mir auch hier nicht nehmen lassen, mit der Line intim zu werden. Free Solo.

Es war beinahe komisch, wie einfach es war. Die Line ist mit 65 Metern Länge bis zum heutigen Tag meine viertlängste ungesicherte Begehung von insgesamt mehr als 100. Und doch fiel sie mir um Welten leichter als die nur halb so lange Strecke am Lost Arrow Spire eine Woche zuvor. Sie war deutlich niedriger, doch mit über 50 Meter Höhe wäre ein Absturz ebenso fatal. Aber da es genau die Länge war, auf der wir regelmäßig unsere Freestyle-Tricks trainierten, war ich perfekt darauf eingestellt. Jeder Schritt fühlte sich 100 % kontrolliert an, kein Wackeln, keine Nervosität, keine Anspannung. Auch nicht, als ich die Leash ablegte. Ich »cruiste«. Ich wurde eins mit der Line.

Nach dem Hinweg machte ich einen »Victory«-Handstand auf der Felsnadel. Ich glaube, es war einer der schönsten Tage meines Lebens. Mitten im Nirgendwo. Beim Rückweg blieb ich in der Mitte länger im Exposure turn als jemals zuvor bei einem Free Solo. Über fünf Minuten. Ich konnte einfach nicht genug von der Landschaft in mich aufsaugen. Ich thronte über allem, fühlte mich wie der König der Wildnis, der Berge, der Einsamkeit, und dennoch untrennbar mit meiner Umwelt verbunden. Ich glaube, ich darf diesen Moment heute zurecht als spirituelle Erfahrung einstufen. An diesem Ort, auf diesem Band, da fühlte ich etwas, was man mit Worten nicht beschreiben kann. Vielleicht etwas Göttliches.

Back to the desert, November 2018

Als wir aus dem Valley zurückkamen, war der Oktober bereits zu Ende, Lukas musste seine Heimreise antreten und für Ryan begann wieder der Arbeitsalltag. Für mich stand der 29. Geburtstag vor der Tür und diesen wollte ich, wenn irgendwie möglich, an einer neuen Highline-Location verbringen, mit möglichst vielen gleichgesinnten Slack-Hippies in Abenteuerlaune. Und so fuhren Aidan, Kyle, mit dem ich mich mittlerweile blendend angefreundet hatte, und ich mit Kyles Van in das nach Yosemite zweite amerikanische Highline-Mekka: Moab, Utah. Pünktlich zum zweiten November trafen wir dort niemand Geringeren wieder als die Legenden Andy Lewis und Spencer Seabrooke.

Spencer begrüßte mich mit den Worten: »*Happy Birthday, Sweetie!*«

Im Amerikanisch-Englischen reimt sich »Friedi« auf »Sweetie«, und deshalb nennt mich Spencer seit eh und je so. Er und Andy fackelten nicht lange, packten mich in ihren Van, und los ging es zu meiner »Birthday-Highline«-Location, einem kleinen Canyon in der Nähe von Moab. Dort hatten wir binnen kürzester Zeit eine 20 und eine 35 Meter lange Highline aufgebaut, beide etwa 50 Meter hoch.

Ryan sagte einmal in einem Interview: »*When Andy Lewis, Spencer Seabrooke and Friedi Kühne get together, you know that leashes are gonna get dropped.*«

Bis heute habe ich immer noch den Eindruck, dass die Amis mehr Verständnis und Respekt für Highlinen ohne Sicherung aufbringen, und einen deutlich weniger mit kritischen Fragen und strengen oder auch betretenen Blicken bombardieren wie die Europäer. Andy, für den der Spot ein richtiges Heimspiel war, startete gleich mit einem Onsight Free Solo! Puh, das ist eine Sache, die für mich nicht mehr infrage kommt. Aber ich glaube, er hatte nicht einmal einen Gurt dabei.

Spencer und ich liefen beide Lines ein paar Mal mit Sicherung, bevor wir die längere dann auch Free Solo liefen. Tatsächlich war uns die kürzere Line zu sketchy. Sie lag ziemlich wackelig auf einer Art A-Frame aus ein paar lose aufeinander gestapelten Stücken Totholz. Für Andy war das anscheinend völlig normal, und er vertraute dem, was er da geriggt hatte. Spencer und mir schien das Restrisiko zu groß, dass der ganze Anker sich auf einmal unvorhersehbar bewegen könnte. Irgendwie interessant. Auch innerhalb des ohnehin sehr speziellen Free-Solo-Mindsets gibt es doch noch große individuelle Unterschiede. Dafür war Andy umso begeisterter, als ich die 35-Meter-Line nicht nur ohne Sicherung, sondern auch noch splitterfasernackt lief.

»*That's my boy!!!*«, rief er lautstark durch den Canyon. »*Yeah Friedi!!! That's a real Free Solo!*« Das war ganz nach Andys Geschmack. *Desert Slacklife.*

Es war schließlich mein Geburtstag. Da muss man einfach die Sau rauslassen. Aber eigentlich ist das Jubeln und der Applaus, das ganze »Wohhooo« und »Fuck Yeah Bro«, das Alpha-Tier-Geprotze nicht das, was ich beim Free Solo suche, auch wenn es manchmal mein Ego beflügelt. Es geht mir eher um stille, tiefgreifende, spirituelle Erfahrungen, das Band zur Natur und zu meinem wahren Selbst. Aber ein bisschen Abwechslung muss auch mal sein. Und das Erleben anderer Bewusstseinszustände, ähnlich wie bei den Highlines in Yosemite, sollte auch an diesem Tag nicht fehlen. Nur, dass es erst abends nach dem Highlinen stattfand und mit, sagen wir einfach, anderen Hilfsmitteln, die in der amerikanischen Slackline-Szene so üblich sind.

The Valley of the Gods

Der November in Utah verging wie im Flug und von allen Erlebnissen detailliert zu berichten, würde den Rahmen dieses Buches sprengen. Aber ich will die größten Abenteuer zumindest zusammenfassen.

Da war zum Beispiel unsere Highline im Valley of the Gods, einem wahrhaft malerischen Sandsteintal im Südosten Utahs mit gigantischen rotbraunen Felstürmen und Plateaus, die denjenigen des berühmten Nachbartals Monument Valley zum Verwechseln ähnlich sehen. Am Fuße eines dieser Türme, dem Eagle Plume, schlugen wir unser Lager aus mehreren Vans und Spencers altbewährtem Party-Zelt»Mojo Dojo« auf. 500 Meter von uns entfernt wartete einsam der zweite, gut 100 Meter hohe Felsturm Tom Tom sehnlichst darauf, dass wir ihn mit seinem Partner verbanden. Dies geschah dann ganz ähnlich wie beim Castleton-Projekt ein Jahr zuvor. Pro Turm eine Kletterpartie, vier Leute mit Rucksäcken voller Slackline in der Mitte, viel an Seilen ziehen und sich gegenseitig zuplärren, aufeinander warten, fluchen, nachjustieren, und, wenn es gut läuft, just vor dem Sonnenuntergang die Line zum ersten Mal begehen. Diese Ehre wurde Andy zuteil, und das war gut so, denn das Projekt war seine Idee. Er gab der Line den Namen »Yee naaldlooshii – The Skin-Walker«, in Anlehnung an eine Art Hexe aus der Navajo-Mythologie, die die Form von Tieren annehmen kann, um Menschen anzulocken und zu bösen Taten zu manipulieren. Warum er das tat? Anscheinend war die Line noch gar nicht 100 % sicher fertig geriggt, als er seinen Lauf startete. Das Backup auf der anderen Seite war noch nicht befestigt, aber Andy konnte nicht warten, fühlte sich auf dämonische Weise von der Line angezogen. Sketchy Andy eben. Somit wurde es sowohl sein persönlicher als auch der neue US-amerikanische Längenrekord, mit 10 Meter mehr als unsere Castleton Line im Jahr zuvor.

Die nächsten drei Tage verbrachten wir damit, wieder und wieder auf den Eagle-Plume-Turm zu klettern, von dort aus die Line zu laufen, abends im Mojo-Dojo-Zelt zu feiern und zu schlemmen, und beinahe von einem Puma gefressen zu werden. Naja, Letzteres ist vielleicht ein bisschen übertrieben, aber eines frühen Morgens entdeckten Aidan und ich nur wenige Meter von unserem Camp entfernt ziemlich große Pfotenspuren im Sand. Etwas später sah Aidan auf dem Weg zum perfekten Standort für unsere Morning-Glory-Foto-Session für einen Sekundenbruchteil eine große Gestalt auf vier Beinen hinter einen Felsen huschen. Spannend. »*That would have been quite an international meal for the cougar, eh? Some fresh German and Australian meat*«, kommentierte Mia grinsend unser Erlebnis.

Sie, Spencer und ich liefen alle ebenfalls beim ersten Versuch über das Band. Es schien mir ungleich leichter als Castleton ein Jahr zuvor. Und sogar noch schöner. Worte lassen sich nur schwer finden, die dem atemberaubenden Anblick der rotbraunen Wüstenlandschaft gerecht werden, gespickt mit den majestätischen, skurrilen Felsformationen, die für den Namen »Valley of the Gods« verantwortlich sind. Aidans Fotos und Spencers Drohnenaufnahmen kommen ihr zumindest nahe. Wenn mich heute jemand nach meinen Highline-Favoriten fragt, so ist diese Line auf jeden Fall unter den Top fünf, vielleicht sogar unter den Top drei. Ein weiteres spannendes Erlebnis war, Andy und Spencer dabei zuzusehen, wie sie ihre Basejumps vom Eagle Plume Turm machten. Ich gab Spencer sogar einen »PCA«, soll heißen, ich hielt seinen Hilfsschirm hinter ihm fest, damit der Hauptschirm so schnell wie möglich rauskommt und sich öffnet. Eine der »sichereren« Basejump-Varianten, zumindest, wenn man einander vertraut.

Ich selber hatte noch keinen Plan gefasst, mit dem Fallschirmspringen anzufangen, blickte aber schon mit einer Portion Neid auf meine Freunde, die sich nach dem Highlinen das Abseilen und Absteigen sparten, einfach vom Turm hüpften und elegant fast bis zum Camp flogen ... Ich ahnte noch nicht, was in dieser Hinsicht alles vor mir lag.

Obwohl ich die Line fast zehn Mal ohne zu fallen lief, versuchte ich sie nicht mit verbundenen Augen. Einerseits war die Umgebung dafür zu schön, andererseits lag der Blind-Highline-Weltrekord gerade bei 680 Meter, begangen in Frankreich von meinem guten Freund Pablo Signoret. Somit war dieser Rekord, von dem ich schon lange träumte, hier noch außer Reichweite. Aber nicht mehr lange.

Die längste Highline in ganz Nordamerika

Eine Woche vor dem alljährlichen GGBY-Festival wollten wir unseren frischen nordamerikanischen Highline-Rekord gleich nochmal überbieten. Alles, was wir dafür tun mussten, war dasselbe Setup, welches wir im Valley of the Gods verwendet hatten, auf 900 Meter zu verlängern, mit Andys Jeep zum Boden der Fruit Bowl zu fahren und das Band mit langen Seilen auf beiden Seiten hochzuziehen. Dank vieler helfender Hände von früh angereisten Festivalbesuchern klappte alles an einem Tag. Und das Schönste war: Mein Freund Pablo war endlich aus Frankreich zu uns gestoßen. Eben jener Pablo, der aktuell den Blind-Highline-Weltrekord hielt. Mein kleiner Pablito, der damals 19 Jahre junge Extremsport-Gott, mit dem ich mich schon seit unserer ersten Begegnung im Jahr 2014 prächtig verstand und der mich auch heute noch immer wieder mit unerwarteten Lebensweisheiten inspiriert. Er lief mit 17 Jahren einen Highline-Weltrekord von einer Meile, 1609 Meter, zählt also zu den großen Slackline-Talenten dieser Welt, doch in jenem November lag sein Augenmerk schon auf etwas ganz anderem: Basejumping. Dafür war er in die Wüste gekommen: Um sich gemeinsam mit Andy und Spencer johlend von Felstürmen und Klippen zu stürzen.

Wie sehr mich dieser Sport faszinierte! Ich war oft genug hautnah mit dabei und konnte die Emotionen der Springer nur allzu gut nachempfinden. Wer kennt das nicht, wenn man am Rande eines Abgrundes steht und sich ausmalt, wie es wohl wäre, einfach runterspringen und davonfliegen zu können? Frei zu sein wie ein Vogel? Auf jener mit final 880 Meter nun neuen längsten Highline Nordamerikas sollte ich das Gefühl bald aus noch näherer Nähe miterleben als je zuvor.

Nachdem ich die Erstbegehung geschafft hatte und der neuen Line den Namen »Serotonin Overdose« gegeben hatte, benannt nach meinem damaligen Lieblingslied von Protonica, folgten Spencer, Mia und Pablo mit ihren Sends. Es war schon kaum mehr etwas Besonderes. Wir waren alle so gut im Training, dass wir selbst und die Slackline-Community um uns herum eigentlich nichts anderes erwarteten. Spaß machte es trotzdem keinen Deut weniger. Und man kann schließlich immer noch einen draufsetzen, indem man versucht, schneller zu balancieren, rückwärts, hin- und zurück, mit den Händen hinter dem Rücken, blind ... Aber Pablo und ich schmiedeten bereits einen Plan für einen völlig neuen Stunt.

Die Line war in der Mitte fast 200 Meter hoch. Pablo war bereits von der Klippe daneben gesprungen und sicher im Canyon darunter gelandet. Da war es für ihn nur logisch, früher oder später auch einen Basejump von der Highline zu machen, in der Mitte an den Armen hängend, mit ein bis zwei Sekunden freiem Fall und anschließender Schirmöffnung. Im Grunde so »sicher« wie ein Fallschirmsprung von einer Brücke.

Ich fragte ihn nachmittags am zweiten Tag, irgendwo in der Sonne chillend, während sich andere an der Line versuchten: »*Bro, do you wanna hang from my arms in the middle of this line, and I drop you?*«

»*Fuck yes, dude!*«, kam seine Antwort wie aus der Pistole geschossen, mit seinem unverwechselbaren französischen Akzent. Ich hatte nichts anderes erwartet.

Am nächsten Morgen standen wir früh auf, um den thermischen Winden zuvorzukommen, die hier mit der Sonne früher oder später kamen. Wir checkten gegenseitig unser Gurtzeug, einschließlich Pablos Base-Rig, schnallten uns GoPros an den Helmen fest und waren bereit zu starten. Pablo balancierte mit Leash bis ungefähr zur Mitte, hing sich dort an einen Karabiner und wartete auf mich. Ich rollte ihm die 400 Meter mit Hangover hinterher, was kein geringer Kraftakt war. Er saß ganz gemütlich in seinem Gurt und betrachtete seine auserkorene Landezone zwischen den Felsen unter sich. Ich begrüßte ihn zum zweiten Mal an diesem Tag mit einem freundlichen »*Good morning*«, angespannt und nervös waren wir mittlerweile aber beide. Wir wussten, dass es jetzt ernst wurde und höchste Konzentration angesagt war. Ein Basejump hört sich oft einfacher an, als er ist. Man hat nur wenige Sekunden Zeit, um den Hilfsschirm zu werfen. Und wenn man dabei nicht die perfekte Körperposition hält – leichtes Hohlkreuz, Schultern symmetrisch, Arme und Beine von sich gestreckt –, läuft man Gefahr, dass sich der Hauptschirm verdreht öffnet und somit vorübergehend unsteuerbar wird. Oder schlimmer noch: Die Hilfsschirm-Verbindungsleine wickelt sich um den Körper und der Hauptschirm kommt zu spät oder gar nicht aus dem Container raus. Ich war mir sicher, über all diese Szenarien dachte Pablo gerade nach. Und darüber, wie er am besten darauf reagieren würde.

»*Are you ready, dude?*«, fragte ich ihn.

»*Check the flap on my container, is it open? Are the pins in the right place?*«

»*Yes, it's looking good. Your GoPro is on. How about mine?*«

»*Yes.*«

»*Ok, let's do it.*«

Wir brachten uns in Position. Es war ein seltsames Rumgewuchte, da man normalerweise nie zu zweit in der Mitte einer langen Highline abhängt. Ich legte mich wie beim Chestbounce hin, wickelte ein Bein um die Line und ließ das andere locker hängen für ein besseres Gleichgewicht. Ich drückte meine Schulter gegen das Band und ließ meinen Kopf auf der einen Seite leicht runter hängen. Absolut unbequem, aber stabil.

Einen halben Meter vor mir hatte sich Pablo inzwischen aus dem Karabiner ausgeklinkt und löste langsam und vorsichtig sein in der Kniekehle eingehaktes Bein von der Line. Er hing nun an nichts mehr außer den eigenen Händen. Für die meisten ein enormer mentaler und körperlicher Kraftakt, doch Pablo ist eine Maschine. Nun kam der Moment, vor dem wir den größten Respekt hatten. Der Übergang vom Hängen am Band zum Hängen an meinen Armen. Ich streckte meine rechte Hand zu Pablo, unmittelbar vor seine. Mein linker Arm ging auf der anderen Seite um die Line und griff meinen rechten Unterarm so fest ich konnte, um Pablo maximale Stabilität zu bieten. Ich wollte ihn auf gar keinen Fall zu früh loslassen – oder zu spät und von ihm mitgerissen werden. Zwar war ich längst mit der Leash gesichert, die er mir kurz zuvor übergeben hatte, doch wenn ich im falschen Moment runterrutschen würde, könnte ihn das möglicherweise in eine instabile Freifallposition befördern, ihn ins Trudeln bringen.

Die Zeit verlangsamte sich und all diese Gedanken schwirrten in nur wenigen Sekunden durch meinen Kopf. Das Adrenalin tat seine Wirkung und steigerte unsere Performance. Hoffentlich ...

»*You can do this*«, sagte ich leise zu Pablo, vielleicht auch ein bisschen zu mir selbst.

Er verlagerte sein Gewicht auf seinen linken Arm, ließ mit der rechten Hand die Line los, und binnen eines Sekundenbruchteils hatten wir uns gegenseitig am rechten Handgelenk gegriffen – und wir wussten, wir würden nicht vorzeitig loslassen.

Pablo sah mir in die Augen und sagte: »*Ok, I'm gonna let go with my other hand.*«

»*Ok.*« Nun hing er nur noch an meinem Arm, 200 Meter über dem Boden. »*Fuck yeah, Pablo, I love you so much*«, sagte ich, was er mit »*I love you so much*« erwiderte.

Schon lustig, was Jungs sich für Sachen sagen, wenn sie zusammen in ein Abenteuer verstrickt sind. Ich lachte ihm ein letztes Mal ermutigend zu und sagte: »*This is happening.*«

Er startete seinen Countdown: »*Three, two, one, love you.*«

Wir ließen beide los.

Pablo rauschte vor meinen Augen in die Tiefe auf einen graubraunen, felsigen Hintergrund zu. Momente später war seine Hand am Hilfsschirm, er warf diesen sauber in den Wind. Keine zwei Sekunden später war sein Hauptschirm offen und unsere Jubelschreie tönten durch den Canyon.

Ich gebe mir Mühe, alles genau so zu beschreiben, wie es war und wie es sich für uns anfühlte. Wer Zweifel daran hat, dem empfehle ich das dazugehörige YouTube-Video auf meinem Kanal anzuschauen, welches kurz nach Pablos Landung mit seinem in die Kamera grinsendem Gesicht und den Worten »*Holy shit, that was fucking insane!*« endet.

»Victory is the same as defeat« – Carl Mars

Nun hing ich ganz alleine da oben, freute mich, dass Pablo sich einer weiteren Base-Challenge erfolgreich gestellt hatte, und dachte darüber nach, ob ich es nicht eines Tages auch machen würde ... Mich von einer Highline fallen lassen, mit einem Fallschirm auf dem Rücken. Es schien so simpel und so logisch. Mit der entsprechenden Vorbereitung beinahe zum Greifen nahe.

Doch nun lag erstmal eine ganz andere Herausforderung vor mir, auf die ich mich gleichermaßen freute, wie ich Angst vor ihr hatte. Der Tag war noch lang, die Wetterbedingungen gut, und ich in der Mitte einer knapp 900 Meter langen Highline. Ich hatte mein Buff dabei, weil es vorher noch kalt gewesen war ... Also beschloss ich, mich aufzuwärmen, indem ich die Line bis zum Ende balancierte, um auf dem Rückweg einen ernsten Versuch zu wagen, Pablo von seinem Titel als Blind-Highline-Weltrekordhalter abzulösen.

Dieser Versuch wäre tatsächlich auch beinahe geglückt. Wäre da nicht ... ja, was war eigentlich gewesen? Wind? Ablenkung? Eine um die Mainline gewickelte Backup-Schlaufe, auf der ich ausgerutscht wäre? Zu wenig Spannung? Zu viel Spannung? Nichts dergleichen. Mein eigenes mangelndes Durchhaltevermögen und mein Kopf, der schlapp gemacht hatte? Das schon eher. Die Bedingungen hätten besser kaum sein können. Kein Wind, blauer Himmel, milde Morgentemperaturen, eine perfekt vom ersten Crossing mit Pablo ausgedrehte Line, ein leichtes Hightech-Setup mit gutem Grip (SlacklifeBC Lion und Moonwalk).

Solange man es versteht zu entspannen und die ständigen langsamen, aber doch kraftvollen Schwingungen zu absorbieren, den Körper weich zu machen, die Arme immer oben zu behalten und sie ihre Mikrobewegungen machen zu lassen, ist es blind auf langen Highlines gar nicht so viel schwieriger als sehend. Zumindest körperlich. Man fühlt sich anfangs orientierungslos, obwohl man eigentlich eh nur in eine Richtung laufen kann. Man setzt seine Schritte deutlich langsamer, weil man meint, man müsse sehen, worauf man tritt, aber auch das ist eigentlich eine Illusion. Das Band ist, wenn man mal von der Connection alle 100 Meter absieht, überall gleich. Das menschliche Gehirn ist sehr flexibel. Wenn ein Sinn wegfällt und somit weniger Informationen vom Gehirn verarbeitet werden müssen, wird sofort mehr »Arbeitsleistung« für die anderen Sinne frei. Man sieht nichts mehr, fühlt aber umso mehr. Sowohl der Gleichgewichtssinn im Innenohr wird gestärkt als auch das Körpergefühl. Der Tastsinn der Füße reagiert noch feiner auf den Druck, der durch die Vibrationen der Slackline entsteht. Der eigentliche Mindfuck besteht darin, dass man nie weiß, wie weit es noch bis zum anderen Ende ist. Das kann einen wirklich fertig machen, vor allem bei besonders langen Lines. »Wo bin ich? Lohnt es sich überhaupt noch weiterzukämpfen, wenn ich noch Hunderte Meter vor mir habe? Oder habe ich vielleicht nur noch wenige Meter bis zum Ende und drohe in eine No-Fall-Zone zu laufen, wo ein Sturz höchst gefährlich wäre? Wann kann ich mich endlich hinsetzen?« Man hat Angst, sich seine Kraft nicht richtig einzuteilen, will vielleicht wissen, ob irgendwo graue Gewitterwolken aufziehen, und sehnt sich krampfhaft nach einem Vergleich von bereits zurückgelegter und noch zu erobernder Strecke.

Diese Gedanken, die man beim blind laufen ständig aktiv bekämpfen muss, haben etwas Bewertendes, etwas Manisches an sich.

Und das ist beim Highlinen völlig fehl am Platz! Ohne das Augenlicht kommt es mehr denn je darauf an, jeden Schritt so zu machen, als wäre es dein Erster. »*Fight without desire. Don't think about the send. Enjoy the unspoiled present moment, without evaluating it.*« Das waren Sprüche, die mir Carl Marrs und Jerry Miszewski gesagt hatten und die irgendwie hängen geblieben sind. Und wenn man es schafft, wirklich loszulassen, dann kann einem phasenweise das Balancieren mit verbundenen Augen sogar einfacher vorkommen als mit offenen. Julian Mittermaier hat mir schon 2015 oder 2016 erzählt, dass sich mit dem Wegfallen der Sicht die Gedanken mehr und mehr beruhigen. *Empty your mind.*

Damals war mir diese Slackline-Disziplin noch ein Buch mit sieben Siegeln, und jetzt befand ich mich auf einmal auf der längsten Highline, die jemals blind versucht wurde.

Nachdem ich mich anfangs wie immer schwer tat, blind loszulaufen, kam ich irgendwann mit ein wenig kämpfen und Arme rudern in die Line rein, baute zur Mitte hin ein gutes, gleichmäßiges Tempo auf. Aber im letzten Drittel war mir unfassbar heiß geworden, ich hatte während des Laufens meine Daunenweste aufgemacht und schwitzte dennoch wie ein Schwein, denn es war mittlerweile ein warmer später Vormittag. Woher ich trotz verbundenen Augen wusste, dass ich ungefähr im letzten Drittel der Strecke war? Das Setup bestand aus mehreren Slackline-Bändern, welche wir an den vernähten Endschlaufen mit einem Quicklink und Softschäkel aneinander geknüpft hatten. Ich kannte die Längen der einzelnen Teile. Abgesehen davon, dass die Bänder sich per se unterschiedlich anfühlen, merkt man es ohne Augenlicht spätestens, wenn man auf eine der mit Tape umhüllten Connections tritt. Dabei muss man sehr vorsichtig sein und den Leashring ein bisschen anlupfen, damit dieser über die Verbindung gleitet. Nicht wenige Slackliner hat dieser Moment schon ins Stolpern gebracht und den Send gekostet. Aber auch diese Ausrede hatte ich hier nicht. Ich hörte Stimmen vom vor mir liegenden Anker. Das Pre-Festival-Slacklife-Camp war vollends erwacht. Und ich Idiot dachte ununterbrochen an den Blind-Highline-Weltrekord. Ich war verbissen. Meine Arme brannten bereits, und ich merkte, dass ich es nur noch hinter mich bringen wollte, längst keinen Spaß mehr am reinen Balancieren hatte. Ich malte mir aus, wie weit ich bis zum Felsen gehen müsste, damit die Begehung zählen würde, wohl wissend, dass mir nicht wenige bei den letzten Schritten zuschauen würden. Ich dachte an Pablo. Würde er es mir übel nehmen, wenn ich seinen Rekord jetzt brechen würde? Natürlich nicht, was für ein dummer Gedanke. Er wäre stolz auf mich. Überhaupt waren da zu viele Gedanken in meinem Kopf unterwegs. Zu viel extrinsische Motivation. Wo war der Flow des puren Balancierens geblieben?

Die Line wurde steiler, und die Frequenz der Schwingungen erhöhte sich. Das Ende war nah. Ich fühlte mich steif und verkrampft, längst nicht mehr in der Lage, die großen Wellen geschmeidig zu absorbieren und durch mich durchzulassen. Im Gegenteil, ich fluchte und schrie alle paar Schritte. Und am schlimmsten: Ich hatte Angst zu fallen. Ich dachte ständig über das Fallen nach, und darüber, wie viele Schritte ich mir wohl noch abringen musste, bis es endlich vorbei war.

»*How far guys?*«, brachte ich gequält hervor, stoßartig, aber so laut ich konnte, nicht wissend, wie weit meine Freunde von mir entfernt waren.

»*You got about thirty meters left, Friedi. Keep going*«, ertönte die sanfte, entspannte Stimme des Kanadiers Danny. Es hörte sich an, als wäre er direkt neben mir, die geschärften Sinne eines Blinden am Werke, und dennoch: 30 Meter? So weit noch? Ich hatte gehofft, die Antwort wäre fünf oder zehn Meter gewesen, dann hätte ich mir noch ein paar Schritte abgerungen und mich hingesetzt.

»*You got this man*«, hörte ich Pablos vertraute Stimme. Er war also nach seinem Basejump bereits wieder hochgekraxelt und sah mir nun ebenfalls zu. ›*But I don't got this*‹, dachte ich mir. Ich hatte kaum mehr Kontrolle über das Band. Ich zitterte bei jedem Schritt, und meine Gedanken waren überall, nur nicht da, wo sie sein sollten. Und ich war am Ende meiner Kräfte.

Nachdem mir irgendjemand zugerufen hatte, dass es nur noch zehn Meter waren, »*You're almost there man!*«, schaffte ich keinen Schritt mehr. Ich blieb mehrere Minuten an einer Stelle stehen und kämpfte, verzweifelt, hoffend, betend, dass das Monster unter mir sich nochmal beruhigen würde. Aber das Gegenteil war der Fall. Wenn man nah am Anker einer langen Line ist, und sich nicht entspannt, den Körper nicht weich macht und seine Mitte findet, dann schaukelt sich die Line mit jeder Ausgleichsbewegung der Arme nur immer weiter auf. Bis es eben vorbei ist.

Das Bescheuertste war, dass ich nicht mal in die Leash fiel, sondern mich an der Line fing! Hieß das: Ich war noch nicht am Limit? Hätte ich noch weiterkämpfen können? Ich glaube nicht. Ich war einfach durch. Ich schrie noch während des Fallens diverse unflätige Worte durch den Canyon und hörte gleich darauf »*Nooo*« und »*You had it man*« vom Anker ertönen, aber auch ein bisschen Applaus und Freudenschreie aus der Ferne.

Als ich die Augenbinde vom Kopf nahm, musste ich erstmal heftig blinzeln von so viel Licht, was aber definitiv nicht der einzige Grund war, dass mir bald ein paar Tränen durchs Gesicht kullerten. Ich schlug mir an die Stirn, hieb mit der flachen Hand auf das Band vor mir und verfluchte mich selbst. Es waren wirklich nur noch zehn Meter bis zum Ende gewesen. Die letzten zwei bis drei Meter vor der Wand hätte ich mir schenken können, mich zur Sicherheit vorher hingesetzt, wie es bei den meisten Begehungen üblich war.

Nachdem ich wieder festen Boden unter den Füßen hatte, wurde ich mit vielen aufmunternden Umarmungen in Empfang genommen. Nicht wenige der versammelten Slackliner sagten Sachen wie *»Come on, man, it basically counts«*, *»You walked all the way«* oder *»You walked 99 %, who cares about the rest«*.

Es waren durchaus Argumente. Nicht wenige Leute in der Geschichte des Slacklinens, unter ihnen einige der mutmaßlich Besten, hatten manche Lines als begangen gezählt, ohne wirklich bis ganz zum Ende zu laufen, und würden in meiner Situation jetzt vielleicht ihren neuen Weltrekord feiern. Ich war schon einige Male Zeuge davon gewesen, habe aber niemanden je dafür kritisiert. Es stimmt. Was sind schon fünf Meter von einer 100-Meter-Line? Was sind zehn Meter von einer 1.000-Meter-Line? Sollte ruhig jeder seine eigenen Maßstäbe haben, zumindest, wenn es um den persönlichen Fortschritt ging. Slacklinen war immer noch ein vergleichsweise junger und unregulierter Sport. Kein Olympisches Komitee hatte je schwarz auf weiß festgelegt, wie eine Highline offiziell zu begehen sei.

Einen Moment lang war ich in Versuchung, das Ding als blind durchgelaufen zu verbuchen. Aber nur einen winzigen Moment. Ich wusste, dass ich damit langfristig nicht glücklich wäre. Hätte ich mich 10 Meter vom Rand entfernt kontrolliert hingesetzt, wäre es etwas anderes gewesen, aber ich hatte unbedingt noch ein paar Schritte weiterlaufen wollen und dabei die Kontrolle verloren. Es war nicht clean. Nicht nach meinem Standard. Und ich wusste, es wäre auch keine Begehung nach dem Standard eines der Augenzeugen und mir sehr nahestehenden Menschen gewesen: Pablo. Er hielt den Rekord, und seine Anerkennung und Freundschaft waren mir verdammt wichtig. Als er mich ohne Worte umarmte und ich seinen sehr neutralen, zögerlichen Gesichtsausdruck wahrnahm, wusste ich: Er würde mir nicht widersprechen, wenn ich jetzt den »*You walked all the way, it basically counts*«-Leuten zustimmen würde. Aber er würde vielleicht einen Funken Respekt für mich verlieren. Das festigte mich in meiner Entscheidung: ohne Tief kein Hoch. Heute war ich gescheitert, aber eines Tages würde ich den Blind-Highline-Weltrekord brechen.

f 3. Dezember 2018
»Victory is the same as defeat.«
About 870 out of 880 m. The blind folded highline world record was right there within my reach. And then I fell. I had a bunch of fights earlier during the walk and was sweating and screaming towards the end. My friends at the anchor shouted at me how much distance I had left and I wanted it so bad. But then the last fight was just too much, just when the big highline softness disappears and it gets shaky like a Longline. I caught the line, took the blind fold off and saw how far I had

gone and how little was left. It reminded me of when I nearly sent 1600m in 2017 and I was equally frustrated. But these moments are where we can truly grow and snatch a psychological victory from a technical defeat. Some suggested that I could consider this a send, having walked more than 95% of the line without falling. But I didn't end my walk in a controlled way. I value the sport and the records too much. So this one remains with you for now, Pablo Signoret . Let's try again before too long

Alaska

Warum? Warum ausgerechnet im Winter nach Alaska, dem nördlichsten Staat der USA aufbrechen? Gäbe es dafür nicht einen besseren Zeitpunkt? Nein, fand Aidan. Denn er hatte etwas ganz Besonderes vor.

Jeder hat schon mal ein Bild gesehen vom mystisch grün leuchtenden Himmel, verursacht durch das Zusammenstoßen von elektrisch geladenen Teilchen des Sonnenwindes mit Sauerstoff- und Stickstoffatomen der oberen Erdatmosphäre. Wie irre wäre es, unter diesem magischen Himmelsfeuer zu balancieren und davon ein Foto zu schießen? Aidan war bereit, alles für diesen einen »Shot« zu geben.

Die richtigen Slackliner für das Projekt zu finden, war dabei seine geringste Herausforderung. Mia und ich waren sofort begeistert von seiner Idee, Ende November von Salt Lake City nach Fairbanks zu fliegen. Alaska. Winter. Zu dritt. Das klang nach Kälte, Stille, ja sogar Bedächtigkeit und In-sich-kehren. Und ich glaube, genau danach stand uns der Sinn nach einem Monat in der heißen Wüste Utahs, mit einem Highlineprojekt nach dem anderen, Hunderten Menschen und einigen zugegeben extravaganten Parties.

Auf dem Flug nach Fairbanks rief ich mir in Erinnerung, was ich bisher von Alaska wusste. Eine Slackline-Community gab es dort nicht wirklich. Unterkunft und Highline-Spots würden wir uns selbst irgendwie suchen müssen. Ich dachte an die Geschichte von Christopher McCandless, a.k.a. Alexander Supertramp. Die Abenteuer des 22-jährigen Amerikaners, der sich entschloss, die bürgerliche Gesellschaft hinter sich zu lassen, wurden zunächst in dem Buch *Into the Wild* von Jon Krakauer niedergeschrieben und später unter demselben Namen verfilmt. Die Story endet in Alaska, wo der junge Ausreißer einen Sommer lang in der Wildnis lebt, echte Freiheit erfährt und zu sich selbst findet.

Aber die Geschichte hat kein Happy Ending. Die letzten Seiten von Alex' Tagebuch zeugen davon, wie sehr er seine Familie vermisst und wie leer sich die großen Erfahrungen doch anfühlen, wenn man sie mit Niemandem teilen kann. Ich glaube, ich kann heute viele Erfahrungen, die Alex Supertramp gemacht hat, nachempfinden.

Freitag, 30.11.2018

Nach der ersten Nacht im Keller von Couchsurfing-
Host Seth mit dem Mietwagen auf zur ersten
Highline. Zwischenstopp bei Safeway: Draußen auf
dem Parkplatz -10 °C und riesige Schneehaufen,
drinnen wohlig-warme Temperaturen und in den mit
Strom wieder runtergekühlten Regalen Ananas,
Mangos, Avocados, sogar verdammte Wassermelonen.
Irre ...
Dann riggen wir eine schnuckelige, 15 Meter
lange, circa 30 Meter hohe Highline über eine
kleine Schlucht. Nach meiner obligatorischen,

weil vermutlich ersten und einzigen Free-Solo-Begehung in ganz Alaska, ist es schon dunkel. Dicker Nebel versperrt uns die Sicht auf mögliche Nordlichter. Mist. Es folgt die kälteste Nacht, die ich je in einem Zelt verbracht habe. Laut Aidans Thermometer -20 °C. Aber zu dritt im Zweimannzelt mit dicken Daunenjacken und Schlafsäcken frieren wir trotzdem kaum und schlafen irgendwann sogar ein.

Um fünf Uhr morgens Aidans sanfte Stimme mit australischem Akzent: »Guys, the fog has almost lifted. Let's see if we can get a shot.« Ich schaue raus und denke mir ›No way. Man sieht doch überhaupt nichts.‹ Mia fällt das Aufstehen leichter und sie erfüllt Aidan seinen Wunsch. Tatsächlich: Zurück im Zelt präsentiert uns Aidan ein Foto von Mia, auf dem im Hintergrund ein ganz dezentes, schwaches, grünes Leuchten zu erkennen ist. Nicht wirklich der »Shot«, aber vielleicht ein Vorgeschmack. Da geht noch mehr. Aber nicht in dieser Nacht. Die Wolken sind wieder dichter geworden, also heißt es deriggen im Stirnlampenlicht und ab nach Hause.

Den zweiten Versuch einer nordlicht-fototauglichen Line machten wir am Angel Rock, einem imposanten Felsgipfel, ungefähr 80 Kilometer östlich von Fairbanks. Dieser thront einige Hundert

Meter über den umliegenden, nicht enden wollenden grünen Nadelwäldern und zieht daher im Sommer unzählige Wandertouristen an. Und im Winter absolut niemanden. Außer uns. Einen Kletter-Topo gab es zu diesem Gebiet nicht. Wir hatten, abgesehen von einem Blick auf die Karte, keine Ahnung, was uns dort erwarten würde.

Am Felsen angekommen, war das Szenario schnell klar. Am gegenüberliegenden Hang ließ sich ein großer Felsblock gut umschlingen und die Slackline von dort zum Fuß des circa 40 Meter hohen Felsens tragen. Nur, wie sollten wir auf diesen raufkommen? Irgendwie waren wir davon ausgegangen, dass es dort einen Normalweg gäbe, also eine Route im maximal zweiten bis dritten Schwierigkeitsgrad, die wir uns auch im Winter ohne Sicherung zutrauen würden. Es gab auch etwas in der Art, aber die Wände waren verdammt steil und rutschig.

Vorsichtig begaben wir uns alle drei auf einen etwas höheren Vorsprung, um eine potentielle Route mit so vielen Augen wie möglich ausspähen zu können. Danach mit ein bisschen Räuberleiter auf einen zweiten Vorsprung. Auf dem hatten wir zu dritt schon deutlich weniger Platz. Wir konnten erahnen, wie es weiterging, doch es war nicht abzusehen, ob man bei den winterlichen Bedingungen auf diesem Weg wirklich nach oben kommen würde – und im Zweifelsfall auch wieder umkehren könnte. Wir hatten zwar ein 30 Meter langes Seil dabei, aber nichts, um es festzumachen. Keine Keile oder Cams. Von Bohrhaken war an dieser Wand keine Spur.

»It's kinda sketchy, don't you think?«, sagte Mia.

»Yeah, let's not force it«, schloss sich Aidan an. *»If it doesn't go, it doesn't go. We'll find a different line.«*

Aber ich sah gute Chancen, dass ich es hinauf schaffen würde, und ich war sicher, dass ich, wenn ich erstmal oben war, problemlos einige Bohrhaken platzieren könnte für eine super-coole neue Highline, an denen ich mich vor allem hinterher elegant abseilen konnte. Denn eines stand fest: Runterklettern war mit so viel Schnee und Eis auf allen Griffen und Tritten undenkbar. Hinauf könnte es gehen.

So machte ich mich mit Bohrmaschine, Haken und Seil in einem kleineren Rucksack auf den Weg. Es war Klettern im Schneckentempo. Ich bürstete jeden noch so kleinen Felsvorsprung mit meinen Handschuhen frei vom Schnee, bevor ich darauf stieg. Leider wurde das Gelände oben nicht einfacher. Ein paar Mal zog ich mir einen Handschuh aus, um meine Hand in einen Riss zu stecken, wonach ich jedes Mal minutenlang Pause machen musste, um meine Hände für den nächsten Griff wieder aufzuwärmen.

Ich war mittlerweile etwa zehn Meter über meinen Freunden. Ein ruckartiges Zurücksteigen auf einen Vorsprung knapp unter mir war meist noch möglich, aber ein richtiges Abrutschen oder weit nach hinten Taumeln hätte in einer Katastrophe geendet. Neben dem Felsvorsprung, auf dem Mia und Aidan standen, ging es weitere 50 Meter in die Tiefe. Was zur Hölle machte ich hier schon wieder? Ich war mir längst nicht mehr sicher, ob ich die Strecke zu meinen Freunden kontrolliert wieder hinabklettern könnte. Ich musste nach oben, wusste aber nie genau, was mich nach dem nächsten halben Meter Zeitlupenklettern erwartete. War eine Highline das wirklich wert? Noch war jeder Move für sich gesehen deutlich innerhalb meiner Komfortzone, aber der viele Schnee, das Eis und die Ungewissheit machten es zu dem aus meiner heutigen Sicht dümmsten Free Solo, das ich je geklettert bin.

Ich war nun so hoch, dass der Gipfel eigentlich gar nicht mehr weit sein konnte. Knapp über meinem Kopf zeichnete sich der nächste Vorsprung ab, aber an der steilen Wand darunter waren keinerlei gute Tritte, nur gefährlich geneigte, rutschige Sloper, auf die ich mich nicht zu stellen wagte. Der Gedanke, jetzt nicht mehr weiterzukommen, ließ es mir eiskalt den Rücken runterlaufen. Meine beiden Freunde konnte ich längst nicht mehr sehen. Da erspähte ich einen halben Meter über mir eine kleine lila Schlinge, halb vereist. Aha! Also waren hier doch schon Leute vor mir hochgeklettert. Ist ja sonnenklar. Aber vermutlich zu einer völlig anderen Jahreszeit. Die Schlinge war um eine Sanduhr gelegt und verknotet, sollte mich also halten. Aber sie war noch nicht in Reichweite. Okay. Jetzt volle Konzentration und Entschlossenheit. Lange warten hilft nichts. Ich begann, den Sloper in der Höhe meiner Knie von Schnee frei zu bürsten, als hinge mein Leben daran. Naja, vielleicht würde ja auch gleich mein Leben daran hängen. Dann tat ich dasselbe mit meinen Schuhen, versuchte diese so trocken wie möglich zu machen, um dann meinen linken Fuß mit maximal viel Auflagefläche im idealen Winkel auf die kleine geneigte Platte zu drücken. Langsam verlagerte ich mein Gewicht nach vorne, ging gleichzeitig mit dem rechten Fuß auf die Zehenspitzen und schob meinen Oberkörper Millimeter um Millimeter an der Wand vor mir entlang. Es war ein Balanceakt. Ich streckte mich weiter und weiter nach oben. Ich war vermutlich noch nie in meinem Leben so groß gewesen wie in diesem Moment. Wäre die Situation nicht so ernst gewesen, hätte ich an die Basketball-Träume meiner Kindheit zurückgedacht.

Mein Gewicht war nun fast vollständig auf meinem linken Fuß, und dieser stand nur auf Reibung, weil der Tritt so stark geneigt war.

Die kleine lila Schlinge war nur noch wenige Zentimeter von meiner rechten Hand entfernt, aber ich hatte mein Limit an Körperlänge erreicht. Okay, konzentrier dich noch mehr. »There's no way you can miss this sling«, sagte ich unter meinem eisigen Atem. Ja, ich sprach auf diesen Reisen oft Englisch mit mir selbst. Es folgte ein etwa fünf Zentimeter weiter Hopser. Gar kein richtiger Sprung, mehr ein winziges, dynamisches Nach-oben-schnellen, bei dem mein rechter Fuß den sicheren Boden unter mir verließ. Es fühlte sich wie der größte Dynamo meiner gesamten Klettergeschichte an. Meine rechte Hand hatte die Schlinge zielsicher gegriffen, die linke Hand folgte sofort darauf, und ich konnte mich nun auf den nächsten Vorsprung ziehen. Zu meinem riesigen Entzücken war es der letzte. Vor mir lag ein flacher, einige Dutzend Quadratmeter breiter Gipfel.

Ich lachte laut auf vor Erleichterung. »Guys, I made it! I'm at the top!«, rief ich Mia und Aidan zu. Und sie waren sicherlich genauso erleichtert wie ich.

Nach ein bisschen Erkunden fand ich einen richtig schön eingerichteten Abseilanker mit zwei gut erhaltenen Bohrhaken. Ein weiterer unserer removable bolts, und das würde einen prächtigen Highline-Anker ergeben. Nach dem Bohren warf ich das Seil in Richtung der geplanten Highline die steile Wand runter, wartete, bis meine Freunde alles festgemacht hatten, und zog in einer Tour das 70 Meter lange Band und das restliche Ankermaterial hoch. Während Mia die Line auf ihrer Seite fertig spannte, war ich schon wieder so gut drauf und entspannt, dass ich mir vor der ersten Begehung Alaskas längster Highline in der Mitte des Gipfelplateaus einen kleinen Victory-Handstand gönnte.

Der Rest des Tages verging wie im Flug. Ich lief über die Line, Mia lief über die Line, wir filmten einige Tricks, Aidan wühlte sich durch Schnee und Gestrüpp zu den geilsten Fotoperspektiven und ich landete die wahrscheinlich weltweit erste Yoda-Roll bei -10 °C Kälte. Aber auch an diesem Tag sollte der Himmel nicht aufklaren, sodass wir ein weiteres Mal ohne Nordlicht-Foto heimkehren mussten.

Dienstag, 4.12.2018

Ein bisschen Tourismus.
Die Kleinstadt North Pole liegt nicht
wirklich am Nordpol, ist aber ganzjährig mit
Weihnachtsdeko geschmückt. Dort angekommen,
werden wir vom Bürgermeister persönlich
entdeckt, als wir drauf und dran sind,
versehentlich auf dem schneebedeckten
Personalparkplatz des Rathauses zu parken.
Klein, rundlich und bärtig könnte der Herr
selbst beinahe als Santa Claus durchgehen. Als
er hört, dass ein Deutscher, ein Australier und
eine Kanadierin zum Slacklinen im Winter nach
Alaska gekommen sind, lädt er uns begeistert zu
einer heißen Schokolade in sein Büro ein, um
unsere Geschichte zu hören.
Es endet aber damit, dass er uns seine Geschichte
erzählt, und zwar ausführlichst. Mr. Mayor
war irgendwann mal in Frankfurt stationiert,
spricht ein paar Fetzen Deutsch, man hat ihm das

Amt des Bürgermeisters als Belohnung für seine
langjährigen Dienste in der Army überreicht und
so weiter. Mia, Aidan und ich werfen uns heimlich
gelangweilte Blicke zu.

Als wir sein Büro zwei Stunden später wieder
verlassen, ist uns zwar warm, wir haben
aber nicht mehr genug Zeit, um Highlines zu
scouten. Stattdessen wird ein anderer Punkt der
ungeschriebenen Alaska-Liste abgehakt: eine
Winter-Water-Ice-Line.

Am Ortsrand von North Pole spannen wir neben
einer Brücke eine 40 Meter lange Slackline über
einen Fluss. Dieser ist nur wegen seiner hohen
Fließgeschwindigkeit nicht komplett zugefroren,
an den Rändern aber etwa fünf Meter breit mit Eis
bedeckt. Mia und ich balancieren beide barfuß,
aber mit allen Klamotten. Reinfallen ist keine
Option. Ein Quasi-Free-Solo.

Aller guten Dinge sind drei

Laut Wettervorhersage blieb uns nur noch eine letzte Nacht für eine
potentielle Nordlicht-Highline. Wieder kam der Tipp von unserem
genialen Couchsurfing-Host Seth. Er erzählte uns von der Chatanika
Gold Dredge, einer großen, fast 100 Jahre alten Goldschürfanlage, die
im flachen Wasser des gleichnamigen Flusses stand und seit 1958 außer Betrieb vor sich hin rostete. Ein Überbleibsel aus der Zeit des gro-

ßen Goldrausches in Alaska und keine 50 Kilometer von Fairbanks entfernt. Highline hin oder her, das mussten wir einfach sehen.

Mein erster Gedanke, als wir vor dem riesigen Flussbagger standen, war wieder *Star Wars*. Es hat etwas von einem bruchgelandeten Raumschiff oder einem auf dem Schneeplaneten Hoth umgestürzten AT-Walker aus *Episode V: Das Imperium schlägt zurück*.

Es war mittlerweile bitterkalt, doch das hielt uns nicht davon ab, das Ding ausgiebigst zu erkunden und darauf herumzuklettern. Ich fühlte mich an meine Kindheit erinnert, als ich mit meinen Kumpels die verlassene Kolbermoorer Spinnerei erkundete. Spannend war das damals: Umherkraxeln zwischen 100 Jahre alten Fabrikgeräten, durch Gänge, Schächte und riesige leerstehende Hallen, über windige Treppen und Feuerleitern, der allgegenwärtigen Gefahr ausgesetzt, in Scherben oder Taubenkacke zu treten – oder erwischt zu werden. Dieser kindliche Entdeckungsdrang war auch mit meinen 28 Jahren noch da. Und Mia ging es ganz genauso.

Bald trafen wir uns auf der Spitze der Gold Dredge wie im Krähennest eines Segelschiffs wieder und schossen ein Selfie. Aidan ließ es etwas ruhiger angehen mit dem Klettern, er schmiedete offenbar Pläne für die besten Fotoperspektiven. Es hingen so viele Stahlkabel kreuz und quer über das Ding, dass man beinahe in Versuchung geraten konnte, auf die Highline zu verzichten und einfach drauflos zu balancieren. Aber das schien uns dann doch zu sketchy.

Also riggten wir unsere letzte Highline in Alaska von einem Ende der Goldschürfanlage zur anderen, ungefähr 15 Meter über ihrem Deck. Wir liefen jeweils ein Mal bei Tageslicht und gingen anschließend zurück zum Auto, um im Warmen die Nacht abzuwarten. Und diese war ... wieder wolkenverhangen. Zum Mäusemelken.

Obendrein schienen die Wolken nicht den geringsten Einfluss auf die nächtliche Kälte zu haben. Aidans Thermometer zeigte -24 °C an. Minus 24 Grad! Das war die mit Abstand kälteste Highline-Aktion, an der ich je beteiligt war. Allein das machte es die Line schon wert, nachts begangen zu werden.

Also machten wir uns um Mitternacht auf zum Fluss. Aidan ging auf dem Hügel daneben in Position und Mia und ich kletterten auf der rostigen Leiter hoch zu der kleinen Plattform, von der unsere Highline losging. Wir wollten sie beide einmal hin- und zurückgehen, mehr war definitiv nicht drin. Ich ließ Mia den Vortritt, was zur Folge hatte, dass mir beim Warten so abartig kalt an den Füßen wurde, dass ich beschloss, mir einige von den Heat Packs, die ich mir in alle Taschen gestopft hatte auch unter meine Fußsohlen in meine Sole-Runner-Schuhe zu packen. Klar – zwei Milimeter dicke Sohlen sind super zum Slacklinen, isolieren aber kaum. Und da halfen auch die von meiner Mutter mit viel Liebe gestrickten Wollsocken nicht mehr. Es musste eine chemische Wärmereaktion her.

Dies machte es das Balancieren allerdings ungleich schwieriger. Ich schaffte es mit Mühe und Not, die ca. 45 Meter lange Line durchzulaufen. Nachts, bei kaum Licht und -24 °C. Wow. In der Mitte blieb ich stehen und blickte zur Seite zu Aidan, der mir kurz einen Daumen hoch zeigte, und dann wieder abwechselnd an seiner Kamera fummelte, und die Hände zitternd in seine Jackentasche steckte, die garantiert mit Heat Packs bis zum Abwinken gefüllt war.

Beim Rückweg sah ich Mia, ebenfalls mit den Händen in den Jackentaschen, von einem Bein auf das andere hüpfend und bestimmt mit einem Lächeln im Gesicht. Das war ein Slackline-Abenteuer genau nach ihrem Geschmack. Am Limit. Über mir war der wolkenverhangene Nachthimmel ein klein wenig aufgerissen und ich sah zwar keine Nordlichter, aber dafür ein paar Sterne funkeln. Und Aidan schoss derweil einige meiner absoluten Lieblings-Slackline-Fotos. Ich über dem gestrandeten Star-Wars-Raumschiff schwebend, in einer Winterwunderlandschaft unter dem Sternenhimmel. Ein Bild wie von einem fremden Planeten, das einen allein vom Anschauen fast vor Kälte zittern lässt.

Diese letzte Nacht und diese letzte Highline waren auch ohne Aurora Borealis ein würdiges Ende unseres Alaska-Trips.

Und jetzt ist genug gefroren.

Gumpensprung im Jenbachtal: Friedi im Alter von elf Jahren mit seiner drei Jahre jüngeren Schwester Luise und seinem Kindheitsfreund Höfi

© Diethard Kuhne

Die Inntal-Gang: Valentin Rapp, Julian Mittermaier, Lukas Irmler und Friedi

© Petra Rapp

© Valentin Rapp

© Johannes Olszewski

Urbaner Highline-Weltrekord über das Münchner Olympiastadion im Jahr 2015

Kirchturm-Highline in Ingolstadt mit einem »Leash-Swami«

Friedi auf der klassischen 70-Meter-Highline am Wendelstein in Oberbayern mit einer gesicherten Mass Bier

© Benedikt Martin

© Valentin Rapp

Friedi chillt (noch) mit Sicherung, während neben ihm die Wassermassen 400m in die Tiefe stürzen.

Pure Euphorie nach dem geschafften Free Solo Weltrekord

© Levi Allen

Das Hunlen-Falls-Team (v. l. n. r.): Valentin Rapp, Friedi, Matt Davis, Louie Wray, Spencer Seabrooke, Levi Allen, Lukas Irmler, Brent Plumley, Mia Noblet, Michael Neureurer, Sanja Radović

Friedi und Michael klappen beim Anblick des Wasserfalls die Kinnladen runter.

Spencer Seabrooke, aka »The Minister of Bacon Affairs«

© Valentin Rapp

© Valentin Rapp

© Valentin Rapp

Highlinen unter den Sternen am Stawamus Chief in Kanada

»Das Tor der Welten« im Wilden Kaiser

© Valentin Rapp

Beim alljährlicher Squamish Highline Gathering treffer sich Slackliner aus ganz Nordamerika und teils auch Europa.

Valentin Rapp

Kfir Amir

GGBY, das größte Slackline-Festival der Welt, lockt jedes Jahr Hunderte Abenteurer mit Highlines, Ropeswings, Space-Netzen und Basejumps nach Moab, USA.

Eichhorn Pinnacle, die laut Friedi »schönste Highline aller Zeiten«

Surfen bis die Oberschenkel brennen, für Friedi das zweithöchste Balancegefühl – nach einem Free Solo

© Aidan Williams

Abseilen in knapp 1000 m Höhe kann so viel Spaß machen – wenn es dazu dient, eine Highline zum Lost Arrow Spire aufzubauen.

Das Eichhorn Pinnacle Team (v. l. n. r.): Aidan Williams, Grant Thompson, Friedi, Robbee Pitts, Lukas Irmler

Freunde fürs Leben: Lukas und Friedi auf der Spitze des Eichhorn Pinnacle in Yosemite, USA

© Ryan Jenks

Friedi gönnt sich einen tiefen Blick in den Abgrund, während er Free Solo im Exposure Turn auf der klassischen Highline am Lost Arrow Spire balanciert.

© Kyle Lovett

Mia Noblet läuft eine 500-Meter-Highline im Valley of the Gods, während Andy Lewis einen Basejump vom Felsturm dahinter macht.

GGBY 2018 © Aidan Williams

Wenn die Wüste zum Dancefloor wird.

© Aidan Williams

© Aidan Williams

Mit LED-Kostüm wird Friedi schnell zum
Engel, der über dem Abgrund schwebt.

Friedi auf den letzten Metern zum
Blindfolded Highline World Record ...

... doch dann stürzt
er kurz vor dem Ziel.

Lange Schneewanderungen
zum Highlinen in Alaska

© Aidan Williams

Mia und Friedi
am Angel Rock

© Aidan Williams

Das Imperium lässt grüßen: Friedi auf einer
Star-Wars-artigen Goldschürfanlage, die mitten
im winterlichen Alaska vor sich hin rostet.

© Aidan Williams

Einen Hauch von Nordlichtern konnte
Aidan mit diesem Foto von Mia einfangen.

© Aidan Williams

Tanois Nassar

© Tanois Nassar

Dank dem Verein Crossing Lines kann auch in Flüchtlingscamps im Libanon über den Wüstensand balanciert werden.

Gleich nach der Hochzeit ging es für Friedi und Homa ab zum Highlinen in den Frasdorfer Dolomiten.

© Martin Freitag

© Sergey Shakuto

Moskau 2019: Urbaner Highline Weltrekord

Wie im Westen so im Osten: Die russische Slackline-Community betreibt ihr kleines Highlinefestival in Kislovodsk mit Herz und Freude.

© Aidan Williams

Blindfolded Highline World Record 2019

© Aidan Williams

© Aidan Williams

© Aidan Williams

Ein abenteuerlicher Roadtrip von Russland über Georgien und Armenien bis in den Iran beginnt für Friedi, Sasha, Vova, Jaan und Aidan.

Die Polizei, dein Freund und Helfer – und manchmal dein Fan

Sasha auf der längsten Highline Georgiens

© Aidan Williams

© Aidan Williams

Man muss auch mal chillen. Vor allem, wenn man wie Sasha den ganzen Tag einen großen Van voller Slackliner durch die Pampa fährt.

Friedi schwebt über der alten Minenstadt Chiatura.

© Aidan Williams

© Aidan Williams

Friedi auf der Highline, Vova beim Basejump von einer alten Eisenbahnbrücke in Armenien

© Aidan Williams

Slackliner bauen sich lieber ihre eigenen Brücken, als über die vorhandenen zu gehen.

© Aidan Williams

Die etwas andere Art von Stau

© Aidan Williams

Vova kann nicht nur Extremsport – und ist dabei nicht selten umgeben von weiblichem Publikum.

Ein nagelneuer Strommast, noch ohne Kabel und Hochspannung – dafür muss man schonmal stundenlang durch das ländliche Armenien tuckern

© Aidan Williams

Der Aufbau, das »Rigging«, ist gleichermaßen eine Kunst, ein Handwerk und ein immer neues Rätsel.

© Aidan Williams

Von links nach rechts: Vladimir (Vova), Friedi, Sasha, armenischer Automechaniker, der unseren Toyota repariert hat

© Aidan Williams

Die weltweit vermutlich erste und einzige Highline, die je zwischen zwei Strommasten aufgebaut wurde.

© Aidan Williams

© Aidan Williams

Die Grenzüberschreitung in den Iran fühlt sich an wie das Betreten einer fremden Welt.

© Aidan Williams

Die persische Slackline-Community zeigt, was wahre Gastfreundschaft ist.

© Aidan Williams

Nacht-Highline-Session hoch über Teheran, einer Stadt mit über 8 Millionen Einwohnern

© Aidan Williams

Anya Vlasova aus Russland hat es auch bis in den Iran geschafft, um sich dort mit der Community und Friedis Freunden zum Highlinen zu treffen.

© Aidan Williams

Oben: Vova aus Russland
Unten: Siavash aus dem Iran

Jaan bei der Erstbegehung der letzten Highline, die Friedis Freunde im Iran gemacht haben
© Aidan Williams

Slacklinen verbindet Menschen
© Aidan Williams

Mit der richtigen Stimmung wird auch ein Essen am Lagerfeuer zum Festmahl.
© Aidan Williams

Free Solo bei Sonnenuntergang in den Bergen in Golestan, Iran
© Aidan Williams

Selfie-Foto auf der Highline: Nach dem windbedingten Scheitern so kurz vor dem Weltrekord ist Friedi erstmal niedergeschmettert.

© Aidan Williams

Zu Beginn von Friedis Überquerung der längsten Slackline der Welt war das Wetter noch gut.

© Flowish Motion

Doch zwei Stunden später kam er bei Sturm und Regen auf der anderen Seite an.

Mia Noblet begeht die »kürzere« 1 km Line in Norwegen und stellt damit den damaligen Female Highline World Record auf.

© Mir Amir

Die 1 km Line wird bei starkem Wind zu einem gigantischen Segel

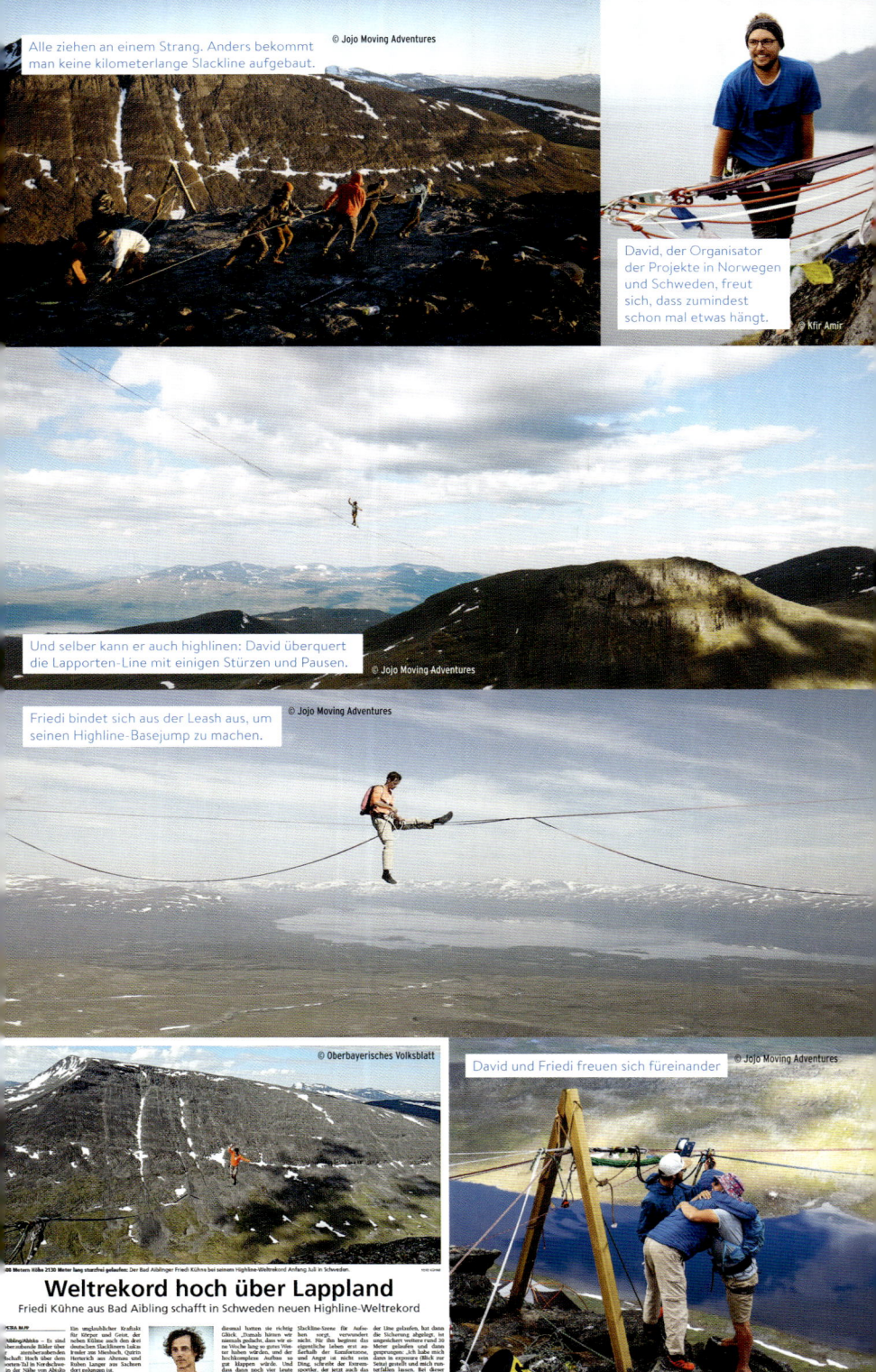

Alle ziehen an einem Strang. Anders bekommt man keine kilometerlange Slackline aufgebaut.

© Jojo Moving Adventures

David, der Organisator der Projekte in Norwegen und Schweden, freut sich, dass zumindest schon mal etwas hängt.

© Kfir Amir

Und selber kann er auch highlinen: David überquert die Lapporten-Line mit einigen Stürzen und Pausen.

© Jojo Moving Adventures

Friedi bindet sich aus der Leash aus, um seinen Highline-Basejump zu machen.

© Jojo Moving Adventures

© Oberbayerisches Volksblatt

David und Friedi freuen sich füreinander

© Jojo Moving Adventures

00 Metern Höhe 2135 Meter lang absturzfrei gelaufen: Der Bad Aiblinger Friedi Kühne bei seinem Highline-Weltrekord Anfang Juli in Schweden.

Weltrekord hoch über Lappland

Friedi Kühne aus Bad Aibling schafft in Schweden neuen Highline-Weltrekord

DER
OSTEN

Dienstag, 16.7.2019

Bekaa Valley, Libanon

Zwei mit Erdankern und A-Frames gespannte
Slacklines mitten im Schotter und Wüstensand.
Mehr braucht es nicht, um die vielleicht
fröhlichsten und dankbarsten Gesichter zu
schaffen, die ich je gesehen habe.
Mein Slackline-Kumpel Tanios Nassar aus Beirut
hat mich zu einem syrischen Flüchtlingscamp
mitgenommen. Dort bietet er als Teil des
internationalen, gemeinnützigen Vereins»Crossing
Lines« einmal wöchentlich Slacklinen für Kinder
an, die alles, was sie lieben, im Krieg hinter
sich lassen mussten.
Die ca. 30 Jungen und Mädchen warten geduldig
in zwei Reihen vor den Slacklines. Sie können
es kaum erwarten, von uns an der Hand über
das wackelige Band geführt zu werden, gespannt
über dem schroffen Wüstensand, der ihr neuer
Spielplatz geworden ist. Manche von den
Jungs sind ziemliche Rabauken, schubsen sich
gegenseitig, eine Rangelei beginnt. Tanios geht
dazwischen, sagt irgendetwas auf Arabisch, was
sie zur Ruhe bringt. Ich schaue in unschuldig
grinsende Gesichter, umsäumt von schwarzen,
strubbeligen Haaren. Tiefbraune Augen, die

mehr gesehen haben, als man in diesem Alter
sollte, erwidern meine Blicke mit Neugier und
Hoffnung. Als nach einer vollen Stunde Übung
in der brütenden Hitze die ersten Kinder
alleine ein paar Schritte balancieren und sich
das Erfolgsgefühl in den strahlenden kleinen
Gesichtern widerspiegelt, muss ich mir Tränen
verkneifen.
Wir sind eigentlich hierhergekommen, um den
Kindern etwas zu geben, aber nach dieser
Erfahrung fühle ich mich selbst reicher als je
zuvor.

Über welche Reisen soll man schreiben?

Ein Blick auf eine Weltkarte offenbart, dass sich deutlich mehr Land-
masse östlich von Deutschland befindet wie westlich, mit viermal so
vielen Menschen. Von den unzähligen potentiellen Highline-Stand-
orten ganz zu schweigen.

Nach all meinen großartigen Reisen nach Nordamerika war es
beinahe so, als befände sich mein gesammelter Erfahrungsschatz im
Ungleichgewicht. Wie, wenn ich mich auf dem Band zu sehr in eine
Richtung lehne, und irgendwann einen ausgleichenden Impuls zur
anderen Seite brauche, um schließlich wieder meine Mitte zu finden.
So war es mit meinen Slackline-Abenteuern, aber auch mit meinen
interkulturellen Erfahrungen. Es zog mich irgendwann Richtung
Osten.

Der östlichste Ort, an dem ich je war, lag nicht etwa in Asien, sondern in Australien. Ein wundervoller Slackline-Trip in die Blue Mountains, wo ich meine alten Freunde Jerry, Mia und Aidan wieder traf. Aidan zeigte uns seine Heimat in Sydney, das Outback, Down Under, Kängurus und Koalas. Und auch wenn ich auf dem Roten Kontinent über 30 verschiedene Highlines beging und mich auf dem Blue Mountains Highline Gathering bestens mit der unglaublich lässigen, jungen Aussie-Slackline-Community anfreundete, so reicht der Platz in diesem Buch leider nicht aus, um detailliert von dieser Reise zu berichten.

Genauso ist es mit Indien. Im Januar 2020 lud mich die indische Slackline-Community zum Great Indian Highline Gathering in Lonavla, Maharashtra, ein, um gemeinsam den indischen Highline-Rekord aufzustellen. Diese super freundlichen Menschen kennenzulernen und mitten in der Nacht unter dem indischen Vollmond 1.400 Meter am Stück zu balancieren, waren unvergessliche Erlebnisse, die ich eigentlich gerne detaillierter schildern würde. Ebenso der schmerzhafte Kontrast zwischen Slums, Armut und Menschenmassen auf der einen sowie prunkvollen Wolkenkratzern und Luxus-Ferienwohnungen auf der anderen Seite.

Und dann war da natürlich noch China. Drei Mal hatte ich das Glück, ins Reich der Mitte reisen zu dürfen. Jedes Mal war es eine von Anfang bis Ende straff durchorganisierte Reise zu einem Highline-Wettbewerb, der im chinesischen Staatsfernsehen übertragen wurde, um den inländischen Tourismus anzukurbeln. Ich sah atemberaubend schöne Natur auf der einen Seite sowie smogverschmutzte Millionenstädte auf der anderen. Die futuristisch wirkende Skyline Shanghais sowie buddhistische Tempel. Gastfreundschaft und Neugierde sowie Verschlossenheit und Unnahbarkeit. Es ist ein Privileg, dieses ferne, fremde und doch bei uns so präsente Land aus nächster Nähe zu sehen.

Aber die Zeit dort war kurz, die Reisevorschriften streng, die Erlebnisse nicht tiefgreifend genug, um reinen Gewissens ein ausführliches Kapitel darüber zu schreiben. Ich würde nur an der Oberfläche kratzen, und das wäre nicht gerecht. Das folgende Kapitel will ich einem Land widmen, von dem ich mittlerweile ehrlich sagen kann, dass ich es hautnah kennengelernt habe.

Russland

KISLOVODSK, RUSSLAND
2018

Ich kann mich nicht erinnern, je so aufgeregt vor einer Reise gewesen zu sein, wie vor meiner ersten Russlandreise im Mai 2018. Russland ... das größte Land der Welt. Elf Zeitzonen, vier Weltmeere und 14 Nachbarländer. Tundra im Norden, Taiga in der Mitte, Steppen und Wüsten im Süden. Temperaturen von -70 °C bis +45 °C in ein und demselben Land. Eisbären, Elche, Wölfe und Tiger. Eisberge und Vulkane. Ölbohrinseln, Pipelines, gigantische Bergwerke und prunkvolle, herrschafts-zelebrierende Städte wie Moskau und St. Petersburg. Zarenreich, Kommunistische Großmacht, Oligarchie. Wahrer Stoff für Legenden. Ich war fasziniert von diesem verrufenen und doch sagenumwobenen Außenseiter unter den großen Ländern der Welt. Ich musste mir einfach selbst ein Bild davon machen.

Donnerstag, 26.4.2018

Kurzer Zwischenstopp in Moskau, dann Landung auf winzigem Flughafen von Mineralnyje Wody (auf Deutsch »Mineralwässerchen«), einer mittelgroßen

Stadt im nördlichen Kaukasusvorland, gute 1.300
Kilometer südlich von Moskau.

Gleich nach der Landung holt mich Sasha ab.
Seine ersten Worte an mich: *»Hey Frrrrriedi,
hurrry up dude, my carrr is waiting in no parrrk
zone«*, mit einem irren russischen Akzent und dem
gerolltesten R, das ich je gehört habe. Nicht
einmal mein Großvater konnte das R so rollen.
Auf der Autofahrt nach Kislovodsk, einer Stadt
noch weiter im Süden, sehe ich zum ersten Mal
den höchsten Berg Europas, den monströs aus der
Landschaft herausragenden, schneeweißen Elbrus.
Erster Stopp: mega-geiler bunter Bauernmarkt mit
Obst, Gemüse, exotischen Süßigkeiten, Nüssen,
Käse, Gebäck und freundlichen Verkäufern, die
natürlich null Englisch können. Dann Ankunft
am Highline-Festivalgelände am Rande eines
wunderschönen Canyons mit idyllisch plätscherndem
Fluss, Zelten am Waldrand und riesiger
Feuerstelle.
Wir riggen 90 Meter Highline auf dem bouncigen
Lift-Webbing, das ich mitgebracht habe. Sasha
macht den ersten Versuch und liebt es. Ich laufe
derweil alle anderen sieben Lines des Festivals
mit bis zu 200 Metern Länge.
Abends wunderbare Lagerfeuerstimmung mit den
super gastfreundlichen russischen Slacklinern,
die mich irgendwie bereits ins Herz geschlossen

haben. Tee, Kekse, Datteln und über dem
Lagerfeuer gekochter Eintopf mit Kartoffeln
und Rindfleisch. Danach wunderschön traurig
klingende russische Lieder am Lagerfeuer mit
Gitarrenbegleitung.

Nach meiner ersten Nacht im Zelt begrüßte mich der nächste Tag
mit herrlich sonnigem Frühlingswetter. Ich kam mir eher vor wie in
Südfrankreich als in Russland. Und kein Wunder: Die 128.000-Einwohner-Kurstadt Kislovodsk, die für ihre natürlichen Mineralbäder
bekannt ist, liegt etwa auf demselben Breitengrad wie Marseille.

Beim Frühstück machte ich die Bekanntschaft mit
Gennadi»Genna« Skripko, dem ältesten aktiven Highliner, den ich
kenne. Er ist stolze 55 Jahre alt, arbeitet immer noch als Artist und
»Mädchen für alles« im Zirkus und läuft in seiner Freizeit bis zu 200
Meter lange Highlines. Wir konnten uns zwar nur notdürftig verständigen, mit meinen wenigen Fetzen Russisch, die ich mir vor der
Reise mit Duolingo beigebracht hatte, und seinem spärlichen Englisch, aber wir wurden trotzdem schnell Freunde. Wir bewunderten
gegenseitig unsere Stärken und wussten, dass wir viel voneinander
lernen könnten.

Er heizte mit Sasha, mir und einigen anderen Slacklinern in seinem alten, klapprigen Lada-Jeep durch heruntergekommene Dörfer,
über Hügel und Felder bis hin zur anderen Seite der Schlucht. Der
Ausdruck »Redneck« bezeichnet zwar eigentlich ganz typische amerikanische Landeier, doch irgendwie schien er mir auch hier angebracht.

Ein einziges Mal kam uns ein anderes Auto entgegen. Hinter dem Lenkrad sah ich einen Jungen hervorlugen, der kaum 12 Jahre alt sein konnte. Auf der anderen Seite angekommen, verbrachten wir mehrere Stunden damit, eine Hügelflanke von Müll und Schrott zu befreien, bevor wir endlich an den Felsen kamen. Genna bohrte den Anker für die damals längste Highline Russlands. Der Aufbau der 270 Meter langen Line gestaltete sich am nächsten Tag eher zäh, wie das eben so ist, wenn nicht alle im Team dieselbe Sprache sprechen. Ich merkte, dass Sasha und Genna gleichermaßen scharf auf diesen kleinen Highline-Meilenstein waren und sicher darum konkurrieren würden, wer sie als Erster begehen würde.

Doch wenn sich zwei streiten, freut sich der Dritte: Nachdem die beiden sie mit jeweils mehreren Catches überquert hatten, und ich mich versichert hatte, dass es ihnen nichts ausmachen würde, falls mir die Erstbegehung gelänge, ging ich auf die Line und lief sie Onsight Fullman. Das ermutigte und inspirierte die anderen Slackliner, noch mehr Gas zu geben. In den darauffolgenden Tagen gelang den Beiden auch irgendwann die volle Strecke und sie überlegten sich zusammen einen Namen für die Line, den ich allerdings nicht mehr weiß.

Der größte Spaß kam für mich abends: Sasha (der im restlichen Leben als Veranstaltungstechniker arbeitet) baute ganz nah am Ankerpunkt der neuen Line zwei riesige, von Dieselgeneratoren betriebene Lautsprecher sowie ein DJ-Pult und alle möglichen Discolichter auf. Die Highline-Raveparty konnte beginnen.

Die ungefähr 70 Besucher des Festivals fingen an zu tanzen, während ich auf der 270 Meter Highline in die Finsternis balancierte. Als ich das Rauschen des Flusses direkt unter mir hörte, drehte ich mich um und bekam Gänsehaut. Sasha hatte vor meinem Lauf eingewilligt, meine Lieblings-Playlist mit Techno und Trance-Musik zu spielen. Ein unbewusster Traum wurde wahr. Ich sah die Line nicht, spürte aber die Schwingungen, während ich auf tanzende Gestalten im flackernden Licht von Lagerfeuer und Discolichtern zu balancierte. Der hämmernde, dunkle Rhythmus der Technomusik wurde mit jedem Schritt lauter. Das Balancieren war zu meinem Tanz geworden. Über mir die Sterne, unter mir der Abgrund, vor mir meine frisch gewonnenen Freunde. Das war das echte Leben.

Sonntag, 29.4.2018

Die Jungs und Mädels des »NO FEAR-Extreme Team« haben ein geiles Hobby bzw. Beruf: Riesige Ropejumps über Schluchten aufbauen. Ein Sprung kostet 1.500 Rubel, umgerechnet knapp 20 €. Spottpreis bei dem ganzen Aufwand.
Die Anerkennung des NO FEAR-Teams zu erlangen, ist ziemlich unkompliziert. Man darf vor seinem Sprung keine Angst zeigen, beim Absprung keine Sekunde zögern, sollte am besten dabei lachen und nach »Drei, zwei, eins, null« irgendein dreckiges russisches Schimpfwort schreien. So sei es. Aber ganz ohne Angst bin ich dann doch nicht und so wird mein getuckter Auerbach etwas krumm und zaghaft. Danach gibt es trotzdem ein »Ahuien« von oben (Russisch für sowas wie »schwanz-geil«, oder »arsch-geil«).

Nach Ropejump und Hängemattennickerchen kurze
Session auf der 90-Meter-Line und dann, *Goal
achieved*, 550 Meter Continuous Walk auf der 270
Meter-Line. Bereit für 1 km+-Highlines!
Abendessen am Lagerfeuer: Buchweizen mit Tomaten
und Hähnchen.
Danach werden die großen Boxen wieder aufgebaut
und während hinter der Bergkette langsam
ein perfekt goldener Vollmond aufsteigt,
tanzen russische Hippies zu energiegeladener
Progressive-Psytrance Musik. Jungs und Mädels
spinnen Feuer-Poy und andere brennende Spielzeuge
zum treibenden Rhythmus. Das Glück lässt sich
nicht in Worte fassen.

Ich kann nicht zu lange an einem Ort bleiben. Es zog mich zum Elbrus. Die Verabschiedung vom Festival dauerte über eine Stunde,
weil alle Selfies mit mir machen wollten. Als ich dann endlich mit
dem Slackline-Pärchen Vova und Anya im Auto saß, war ich völlig
erschöpft, hatte einen Sonnenstich und schlief die meiste Zeit der
Fahrt. Wir fuhren stundenlang durch wunderschöne Dörfer, über
Hügel und durch Täler, umringt von Bergwiesen voller Kühe und
Schafe und nach und nach auch Schnee.

Schließlich kamen wir im niedlichen Berghotel-Dorf Azau auf
2.400 Metern über dem Meeresspiegel an, welches mich an El Chal-
ten in Chile erinnerte, wo ich 2011 mit meinem Großvater war. Wir
schliefen im Hotel Meridian, wo auch einige deutsche und österrei-

chische Teilnehmer des Red Fox Elbrus Race untergebracht waren. Das Elbrus Race ist ein internationaler Skyrunning-Wettbewerb, bei dem einige der fittesten und verrücktesten Bergläufer der ganzen Welt so schnell wie möglich auf den höchsten Gipfel Europas stürmen – und wieder zurück. Die Firma Red Fox ist Russlands größte Marke für Outdoor-Klamotten und Equipment und hatte meine Reise damals finanziell unterstützt.

What you see is what you get.

Am nächsten Tag stand nach einem kleinen, etwas gehetzten Frühstück der Location-Check an. Ich war dankbar für meine erfahrenen Begleiter

Vladimir Murzaev, genannt »Vova«, ist zwei Jahre älter als ich und ein wahrer Allround-Extremsport-Athlet: Alpinklettern, Basejumping und seit kurzem auch Highlinen gehören zu seinen Metiers. Anya slackte schon seit vielen Jahren und hatte Sasha bei der Organisation des Festivals geholfen.

Die dünne Luft auf fast 3.000 Metern Höhe ließ uns bei jedem Schritt keuchen. Außerdem hatte es weniger als 10 °C. Wir fanden schließlich eine passende Stelle für eine knapp 100 Meter lange Line, direkt über die Skipiste, die die Teilnehmer des Rennens am nächsten Tag hinaufstürmen würden. Nun, da wir Gewissheit hatten, was wir riggen konnten, stiegen wir die 400 Höhenmeter zum Hotel wieder ab, um die Line zu tapen und das nötige Material zu holen.

Als wir am frühen Nachmittag den zweiten Aufstieg zum Highline-Spot machten, fanden wir den als Anker auserkorenen Felsblock nicht mehr. Ebenso wenig meinen kleinen Tagesrucksack, den ich oben gelassen hatte, mit Klettergurt, Grigri, ein paar Highline-schlingen, Essen und Trinken ... Alles war von einer riesigen, langsamen Lawine verschüttet worden. Dort, wo wir vor ein paar Stunden standen, befand sich nur noch eine dicke Schicht aus hartem, teils vereisten Schnee und Matsch. An Ausgraben war nicht zu denken. Wir wussten nicht mal mehr genau, wo der Ankerpunkt war. Gott sei Dank waren wir beim Lawinenabgang nicht vor Ort.

Unsere Laune passte sich der Temperatur an und der Stresspegel stieg. Am nächsten Morgen sollte meine Highline-Show stattfinden. Jetzt war bereits Nachmittag und wir konnten mit der Suche nach einer Location von vorne anfangen. Ich merkte, dass mein Körper mir Signale zusendete. Jetzt war eigentlich Ruhe angesagt, aber das konnten wir uns nicht erlauben.

Nach viel Erkunden und Diskutieren einigten wir uns notgedrungen auf eine fragwürdige Alternativ-Line zwischen zwei alten rostigen Skiliftmasten. Wir spannten diese so gut es ging nach hinten ab – zu anderen rostigen, halb aus dem Schnee herausragenden Strukturen. »Man muss nehmen, was man kriegen kann.« Garantiert gibt es im Russischen ein vergleichbares Sprichwort.

Endlich hatten wir die Line aufgebaut, und ich machte mit meinen letzten Reserven noch einen Probelauf. Die Line wackelte ohne Ende, da sie nicht fest genug gespannt war. Nachdem wir dieses Problem behoben hatten und absteigen konnten, war es bereits dunkel und bitterkalt.

Beim Warten auf das Abendessen in der kleinen Stube fing ich an, leicht zu zittern. Von dem Hähnchen und Reis bekam ich kaum einen Bissen runter, obwohl mir eigentlich den ganzen Tag lang der Magen geknurrt hatte. Irrsinnigerweise war ich immer noch darauf bedacht, mir vor den anderen Gästen in der Stube nichts anmerken zu lassen. Unter ihnen war auch Susanne, die deutsche Marketing-chefin von Red Fox, der ich morgens noch gesagt hatte, dass alles perfekt nach Plan lief und ich am nächsten Tag eine super High-lineshow machen würde. Mit Mühe und Not stand ich vom Tisch auf und schleppte mich die Treppe hoch. Mein Plan war, mich in meinem Zimmer ins Bett fallen zu lassen – ich hatte aber bereits so starken Schüttelfrost, dass ich Angst bekam. Ich klopfte zitternd an die Zimmertüre von Anya und Vova.

Als sie die Tür öffneten, war ich nur noch ein Häufchen Elend, das ihnen in die Arme fiel. Ich konnte kaum sprechen, murmelte irgendwas von: »*I'm fucked guys.*«

Die beiden halfen mir auf ihr Bett und umhüllten mich sogleich mit Decken. Sie legten sich neben mich, um mich mit ihren Körpern zu wärmen, sprachen mir gut zu, doch das Zittern und Schütteln nahm einfach kein Ende. Ich hatte mich nie in meinem Leben zuvor so am Ende meiner Kräfte gefühlt und fragte mich, ob ich jetzt blei-bende Schäden davontragen würde, ob ich mich nachhaltig zugrun-de geschuftet hatte ...

Anya und Vova sagten mir, dass sie so etwas schon mal erlebt hatten und dass ich jetzt vor allem Wärme und Zucker brauchte. Mein Blutzuckerspiegel sei im Keller, also gaben sie mir zuerst mal alles, was sie an Schokolade und Süßigkeiten im Zimmer fanden. Nur mühsam konnte ich darauf herumkauen und winzige Bissen herunterschlucken, immer noch am Zittern trotz des warmen Zim-mers und der vielen Decken.

Vova lief schnell nach unten, um heißen Tee und heiße Schoko-lade zu holen. Sie kippten nochmal fast eine ganze Handvoll Zucker in die Getränke und ich schlürfte daran. Ich weinte ein bisschen, weil ich so starkes Mitleid mit meinem eigenen Körper hatte, dem ich so viel abverlangt hatte. Warum nur? Vielleicht weinte ich auch, weil die Hilfsbereitschaft und Fürsorge der zwei russischen Slackliner mich so rührte. Ich kannte die beiden weniger als zwei Wochen, aber Anya umsorgte mich gerade wie eine Mutter.

Irgendwann wurde das Zittern weniger, ich beruhigte mich, atmete langsamer und fühlte die Wärme in meine Glieder zurückkehren. Ich schaffte es, mehr und mehr von der heißen Schokolade zu trinken – und das half.

Irgendwann schlief ich ein ...

In meinem Tagebuch steht am Ende dieses Kapitels: »Pass besser auf dich auf. Höre auf deinen Körper.«

The show must go on.

Trotz meiner Erschöpfung stand ich früh auf und machte bei eisigem Wind eine kurze Highline-Show über der Skipiste in 2.800 Metern Höhe, alles für die Teilnehmer, Zuschauer und Organisatoren des Red Fox Elbrus Race 2018. Beim Startschuss stand ich allerdings wieder unten und bewunderte die knallharten Männer und Frauen aus aller Welt, die den Elbrus hinauf Richtung Gipfel liefen, einige von ihnen schneller, als ich auf ebenem Terrain zuhause joggen würde! Diese Leute waren drahtig, topfit und verbissen. Eines war klar – die wussten, wie man auf seinen Körper hörte. Oder ihr Körper gehorchte ihnen einfach in jeder Situation ...

Als die Läufer, zu denen auch Vlad, der Besitzer von Red Fox, gehörte, am Horizont verschwanden, machte ich mich auf den Weg zur Seilbahn, um mit Susanne hinterher zu fahren. Von der Gondel aus sahen wir, wie der junge Österreicher Dominik, der ungefähr in meinem Alter war, den anderen Bergläufern bereits gute 100 Meter voraus war und immer mehr Vorsprung aufbaute. Was für ein Tier!

Bei der Station auf 3.900 Meter stieg ich auf eine riesige Pistenraupe um, deren Ladefläche voll mit etlichen Reportern und anderen, nicht am Rennen teilnehmenden, aber dennoch involvierten Freaks war. Wieder kam dieser Redneck-Vibe auf, den ich in Russland immer wieder ganz ähnlich erlebte wie Jahre zuvor in den USA. Die zwei Länder haben viel mehr gemeinsam, als man denkt.

Wir klammerten uns alle irgendwo fest, während das Ding die Hänge hochheizte. Ich verstand kein Wort von dem, was um mich herum gesprochen beziehungsweise gebrüllt wurde. Auf knapp 5.200 Metern Höhe hielten wir an. Da der Gipfel wegen zu starken Windes und schwieriger Schneeverhältnissen gesperrt war, mussten wir an der von Bannern umgebenen Ziellinie warten. Anscheinend waren einige Athleten bereits kurz vor dem Gipfel. Dort wurden sie von nur wenigen Jury-Mitgliedern erwartet, die kontrollierten, ob der Gipfel auch wirklich erreicht wurde. Die Wettstreiter sollten gleich wieder umkehren und hinunter auf 5.200 Meter Höhe laufen, wo das Rennen endete.

Ich lief ein bisschen umher, merke wie anstrengend das in dieser Höhe ist mit dicken Klamotten und in schwerem Schnee. Irgendwo fand ich eine ebene Fläche für ein Handstand-Foto und machte meinen bis heute höchstgelegenen Handstand!

Dann hörte ich die ersten Rufe und bekam mit, dass die schnellsten Läufer, allesamt mit GPS-Trackern verfolgbar, bereits den Gipfel erreicht hatten und schon auf dem Weg zu uns waren. Dominik führte immer noch.

Nur Minuten später durchlief er die Ziellinie, zerfetzte dabei ein Plastikband, das dort aufgehängt worden war. Er jubelte, schnaufte, schwitzte trotz der Kälte – und wirkte dennoch, als könnte er immer weiterlaufen.

Nach dem Eintreffen einiger weiterer Läufer gab es für sie, die Fotografen und für den Außenseiter, der nur zuschaut – das bin ich – Tee und Borschtsch in einer wohlig warmen Hütte voller Holzofen-Rauch.

Danach ging es zurück ins Tal zur Siegerehrung. Meine russischen Kumpels und ich liefen nochmal zum Spaß über die Line. Als wir alles abgebaut hatten, trudelten langsam die letzten Teilnehmer des Rennens ein. Sie waren überwiegend älter, teilweise über 50 oder 60 Jahre alt, und wirkten deutlich erschöpfter als diejenigen, die schneller waren. Dennoch absolut irre. So schnell wie möglich von 3.000 auf 5.642 Höhenmeter und wieder zurück. Über Stock und Stein und Eis und Schnee. Die Vorstellung, irgendwann selber mitzulaufen, fing an, mir zu gefallen ...

Abends kam ich ein wenig mit Dominik ins Gespräch, dem unerwarteten Sieger des Rennens. Er erzählte mir, dass er schon als Kind immer durch die Berge in Österreich gelaufen war. Seinen Waden sah man es an. Und seinen leuchtenden Augen ebenso. Berglaufen schien ihm das gleiche Gefühl zu geben, das mir Highlinen gab.

Am nächsten Morgen versuchten wir nochmal vergeblich, meinen Gurt und Rucksack aus der Lawine von vorgestern auszugraben. Es brachte nichts. Einer der Russen aus dem kleinen Bergort meinte, er würde warten, bis der Schnee im Hochsommer schmilzt und danach suchen, und sofern er etwas findet, es zu Vlad nach Sankt Petersburg schicken.

Dann hieß es, Abschied zu nehmen vom Elbrus, denn mein Flug nach St. Petersburg ging bereits am nächsten Tag. Auf der Rückfahrt nach Mineralni Vody genoss ich nochmal den Anblick der wunderschönen, wilden und den Alpen nicht so unähnlichen Landschaft. Ich sah die Gipfel und Bergketten und träumte davon, welche gigantischen alpinen Highlines man hier spannen könnte, wenn man nur mit mehr Zeit, einem größeren Team und der richtigen Ausrüstung wiederkäme. Ich war erschöpft und glücklich. Die Reise hatte mir jetzt schon alles gegeben, was ich mir erhofft hatte, und sie war noch nicht einmal vorbei.

Sankt Petersburg

Nach einem kurzen Fotovortrag im Red Fox Flag Store mitten in Sankt Petersburg, mit Slackline-Workshop und Mini-Slackline-Show traf ich Katya wieder, die ehemalige russische Fremdsprachenassistentin beim Lewis & Clark College in Portland. Sie konnte mit Slacklinen und Abenteuern in der Wildnis nicht allzu viel anfangen. Aber umso mehr freute sie sich, mir ihre prachtvolle Heimatstadt zu zeigen. Wir besuchten das Hermitage-Museum, schauten uns Flüsse, Zarenpaläste und Parks an und gingen abends schick georgisch essen. Dabei schwelgten wir in Erinnerungen an unsere Zeit in den USA.

Das waren schöne Momente, aber wie ein Magnet zog es mich trotzdem wieder zu anderen Slacklinern. Kolya, der Inhaber von Souz Slacklines, der einzigen russischen Slacklinefirma, lebte seinen Beruf: Statt in einer schönen Wohnung wohnte er in seiner winzigen Werkstatt, die er in einem alten, verlassenen Fabrikgelände gemietet hatte, umgeben von Bandproberäumen, Scherben und Underground Parties. Wir riggten dort natürlich gleich eine Highline zwischen den uralten, heruntergekommenen Backsteingebäuden. Ulkig: Gerade noch musste ich meine Slackline vor Eis und Schnee schützen und im nächsten Moment vor Staub, Scherben und Taubenkacke.

»This factory is more than 100 years old and closed for 60 years now«, erzählte mir Kolya. Wir kletterten durch halb kaputte Treppenhäuser und Feuerleitern aufs Dach, machten posermäßig ein paar Handstände und überall, wo es ging, ein paar Sprünge von Dach zu Dach. Parkourmoves wie in meiner Jugend.

Die Zeit verging wie im Flug und auf einmal war der letzte Tag da. Am Flughafen schrieb ich unter einigen Freudentränen die letzten Worte in mein Tagebuch. Sie endeten mit dem Namen des russischen Ropejump Teams, der irgendwie zum Motto der ganzen Reise geworden war:

»Unfassbar, wie dieses Land unterschätzt wird, was es zu bieten hat und was ich hier in nur drei Wochen für hammer Freunde gefunden habe. NO FEAR.«

Moskau City Urban World Record

Es war schon öfter die Rede von meinen Top 3 oder Top 5 Highlines, und ich denke, es ist klar geworden, dass die Nähe zur Natur immer eine große Rolle für mich gespielt hat. Aber eine der Top 3 hätte ferner von Natur und Wildnis nicht sein können: Die 220 Meter lange und 350 Meter hohe Line zwischen den Wolkenkratzern Oko und Neva in der Moskauer Innenstadt. Der Guinness Highline Weltrekord für die höchste Highline, die je im städtischen Raum gelaufen wurde.

Die Moskauer Slackline Community, zu der auch Sasha, Vova und Anya gehören, die ich auf dem Festival ein Jahr zuvor kennengelernt hatte, lud sich für diesen Rekord ein bisschen internationale Verstärkung ein, darunter auch Mia Noblet und meine Wenigkeit. Ziemlich fancy das Ganze. Sogar ein Schiedsrichter aus dem Guinness-Buch der Rekorde war vor Ort, um diesen neuen Weltrekord zu registrieren und uns Urkunden zu überreichen. Die Line erinnerte mich stark an den Film *Man on Wire* über den französischen Seiltänzer Philippe Petit, der 1974 unerlaubterweise zwischen den Türmen des World Trade Centers in New York balancierte und dadurch weltweit Berühmtheit erlangte.

Meine persönliche Krönung dieses Events war, die Line bei Nacht zu laufen. Ich kam mir beinahe vor wie in einem Videospiel. 350 Meter unter mir schrumpften die Menschen und Autos auf Ameisengröße. Um mich herum standen statt Bergen nur Häuser, soweit das Auge reichte, und doch schwebte ich ganz alleine über allem. Ein elektrisierendes Gefühl. Bei genauem Hinsehen erkannte ich Gestalten hinter den Fenstern der riesigen Bürotürme, die mir zuwinkten oder wie wild mit ihren Handys Fotos schossen. Was mochte wohl in deren Köpfen vorgehen?

Reflektion

Nicht alle Erlebnisse in Russland waren von Erfolg gekrönt. In der Stadt Perm, der letzten richtigen Großstadt vor dem Uralgebirge, bauten wir für ein großes Stadtfest eine einen Kilometer lange Highline auf, die aber so niedrig war, dass sie über mehrere Kräne umgelenkt werden musste. Eine völlig absurde Rigging-Challenge, bei der ich sicher auch einiges gelernt hatte, und nicht zuletzt bis heute eine meiner größten Live-Shows, aber sie hätte mich fast das Leben gekostet. Beim Abbauen hatten wir so viel Zeitdruck, schlechte Vorbereitung und wenig Personal, dass Vova und ich irgendwie irgendwann auf der Spitze eines Krans endeten mit von Seilen und Band zerschnittenen Händen, Gesichtern voller Kettenfett in vom Regen komplett durchnässten Klamotten, als auf einmal über uns ein verdammtes Gewitter losbrach. Ich kann mich nur zu gut daran erinnern, wie Vova mich mit weit aufgerissenen Augen und offenem Mund anstarrte, das Gesicht hell erleuchtet von einem Blitz, der wahrscheinlich keine 50 Meter von uns entfernt einschlug. Wir spürten sogar für einen Augenblick einen Wärmeschub!

»Let's go down right now and fix this shit later. It's not worth it.«, sagte Vova zu mir.

Ich ließ mich nicht lange überreden. So schnell hatte ich mich noch nie zuvor von irgendetwas abgeseilt. Grenzwertig. Man kann den Satz, »What doesn't kill you makes you stronger«, nicht beliebig weit ausdehnen.

Ein anderes Mal fiel im wahrsten Sinne des Wortes das ganze Event ins Wasser. Die Stadt Samara heuerte uns an, einen anderthalb Kilometer langen Waterline-Weltrekord über die Wolga aufzustellen. Als ich wieder mit denselben Freunden Vova, Anya, Kolya und Sasha dort ankam, mussten wir feststellen, dass an allen Ecken und Enden gespart worden war und keiner der Techniker vor Ort auf unsere Angaben zur notwendigen Vorbereitung gehört hatte. Wir waren dennoch gezwungen, es zu versuchen. Kurzum: Es endete damit, dass mehrere Hundert Meter von meiner High-Tech-Slackline, die ich aus Deutschland mitgebracht hatte, von einer Schiffsschraube zerschreddert wurden und jetzt irgendwo auf dem Grund der Wolga vor sich hinrotten.

Es gab keinen Weltrekordversuch. Das Event wurde im letzten Moment abgeblasen und die Veranstalter versuchten, uns Slackliner dafür verantwortlich zu machen, wollten uns zwischenzeitlich sogar finanziellen Schadensersatz für das vermasselte Event abluchsen. Es stank nach Mafia und Korruption. Mir war während der ganzen Aktion mehrmals so mulmig zumute, dass ich richtig krank davon wurde. Am Ende konnten wir uns mit Mühe und Not aus der Sache herauswinden und bekamen zumindest das verlorene Material bezahlt.

Aber ich bin sicher, weiter oben in der russischen Event-Business-Hierarchie rollten noch Köpfe. Auch hier schwor ich mir: nie wieder. Ab jetzt nur noch Veranstaltungen mit 100 % transparenter Kommunikation, sauberen Verträgen und ohne Last-minute-Entscheidungen.

Die aktuelle politische Entwicklung Russlands bricht mir heute, da ich diese Zeilen schreibe, gelinde gesagt das Herz und ich weiß nicht, wann oder ob ich meine dort so lieb gewonnenen Freunde jemals wiedersehen werde. Zu meinem ehemaligen Sponsor Red Fox habe ich längst keinen Kontakt mehr, zu den russischen Slacklinern nur noch sehr sporadisch über die sozialen Medien. Manche von ihnen haben das Land verlassen. Ich selbst will mir meine schönen Erinnerungen nicht von einer düsteren Gegenwart verderben lassen, zumal die Geschichte noch nicht zu Ende erzählt ist.

Mein zweites »Russian Highline Festival«, Kislovodsk, 2019

Seit letztem Jahr hatte sich hier, in Kislovodsk, unglaublich vieles weiterentwickelt. Die 270-Meter-Strecke vom Vorjahr wurde zwischenzeitlich von mehreren Jungs und Mädels begangen, genau wie ein Dutzend neuer Lines errichtet wurde. Viele waren am Freestyle-Highlinen, machten Yoda Rolls, den noch ein Jahr zuvor schwierigsten Trick, den es gab. Es gab einen Speedline-Wettbewerb, den ich mit etwas Glück für mich entscheiden konnte. Lukas, der dieses Mal mit von der Partie war, hatte bei seinem Run Wind und musste deshalb langsamer als üblich laufen. Aidan hatte sich ebenfalls einen langjährigen Traum erfüllt und war aus Australien zu uns gestoßen.

Das Highlight des ganzen Festivals war die 1000 Meter lange und damit bis heute noch längste Highline Russlands. Sie aufzubauen, war vergleichsweise einfach dank vieler helfenden Hände und einer rigging-freundlichen Location – ein etwa 200 Meter tiefes Wiesental mit Schafweiden und nur wenigen Bäumen und Felsen. Die Line durchzulaufen, war etwas anspruchsvoller, aber kein Hexenwerk. Lukas und mir gelang es jeweils bei guten Bedingungen beim ersten Versuch, einige Tage später auch Jaan Rose aus Estland sowie nach vielen hartnäckigen Versuchen auch Sasha und schließlich Genna. Damit waren alle glücklich. Die beiden Alpha Dogs der dortigen

Highline-Szene hatten die Line geschafft und damit einen neuen russischen Rekord aufgestellt, und Lukas und ich konnten die Line als Training für noch größere Distanzen benutzen.

Aber wie das eben so ist mit uns Slack-Lifern, wir wollen immer noch einen draufsetzen. Nachdem ich bei meiner zweiten Begehung mit Umdrehen am Ende noch bis zur Mitte zurückgelaufen war und versuchte, meine Geschwindigkeit immer mehr zu erhöhen, dachte ich zum ersten Mal darüber nach, die Line auch blind zu laufen. Darin läge schließlich ein potentieller neuer Weltrekord, und davon kann man nie genug haben. Das knappe Scheitern auf der 890 Meter langen Line in Utah sechs Monate zuvor hing mir noch nach. Vielleicht war jetzt der Zeitpunkt gekommen, um zurückzuschlagen? Es würde hart werden, soviel war klar. Der Gedanke machte mich nervös und so wandte ich eine bewährte Strategie an: Sich einfach einzureden, dass man nur mal schauen möchte, wie weit man kommt. Gar nicht ernsthaft an den kompletten Send oder gar den Weltrekord zu denken. Das klappt besonders gut, wenn die äußeren Bedingungen, also in der Regel das Wetter, sowieso schlecht sind, was damals der Fall war, denn es kamen mehr und mehr Windböen auf.

Ich sagte ich zu mir: »Okay, noch eine ganze Überquerung funktioniert jetzt sowieso nicht mehr, aber Energie habe ich noch, also schaue ich einfach mal, wie weit ich blind komme.«

Ich rutschte nach einer kurzen Verschnaufpause wieder raus auf die Line, zog mir mein Buff über die Augen und stand vorsichtig auf. Und es war ... einfacher als erwartet. Zumindest das Loslaufen. Ich war gut im Training und bereit, nach zwei Jahren dem Blind-Highline-Weltrekord nachzujagen.

Ich kam mit nur zwei oder drei Catches fast bis zur Mitte. Aber die Windböen wurden stärker und ich beschloss, ohne Augenbinde so schnell wie möglich zurückzulaufen, um mich für einen späteren Versuch bei besseren Bedingungen auszuruhen. Ich war angefixt. Ich hatte die Line mit verbundenen Augen verstanden. Es war machbar.

Kopfkino

Am späten Nachmittag desselben Tages hatte sich der Wind größtenteils beruhigt und die Line hing nur noch mit einem leichten, gleichmäßigen Side Sag in der Luft. Also zog ich mir meinen Buff über und legte los. Aidan, Lukas, Sasha und einige andere russische Slackliner chillten am Anker hinter mir und wünschten mir viel Glück.

Ich startete dieses Mal deutlich näher am Anker, gerade weit genug weg, dass ich bei einem Leashfall nicht gegen die Wand pendeln würde. Das machte die ersten Schritte deutlich schwieriger und ich musste schon auf den ersten Metern extrem langsam gehen und kämpfen, um nicht zu fallen. Aber ich wollte eben, dass es wirklich zählt, sollte es wider Erwarten doch eine volle Begehung werden. Daran wollte ich aber immer noch nicht ernsthaft denken.

»It's just for fun, let's see how far I get this time«, hatte ich davor noch zu meinen Freunden gesagt. Das war gelogen. Ich wollte mich mal wieder austricksen, mir den Druck nehmen, mir keine großen Hoffnungen machen, um im Fall des Scheiterns weniger enttäuscht zu sein. Aber tief in mir drinnen träumte ich davon, die Line zu senden und endlich den »Blindfolded Highline World Record« zu brechen. Nach einem zähen Start von vielleicht 30, 40 oder 50 Metern, wer weiß das schon, wenn man nichts sieht, wurde die Line endlich

einfacher. Ich beschloss, eine bewährte Strategie anzuwenden: Ich pokerte.

Ich sagte mir: ›Scheiß drauf, was passiert, versuch einfach, die ersten paar Hundert Meter auf gut Glück so schnell wie möglich hinter dich zu bringen, auch wenn du dabei unsauber und wackelig läufst. Wenn du fällst, ist nicht viel verloren, weil du noch nicht viel Energie in Kämpfe gesteckt hast. Falls du aber Glück hast und nicht fällst, bist du mit relativ wenig Kraft schon vergleichsweise weit gekommen und kannst später dafür langsamer gehen, wenn es wirklich zählt.‹

Die Strategie ging auf! Auch wenn ich nie genau sagen konnte, wie weit ich war, so merkte ich doch die hohe Geschwindigkeit, mit der ich meine Schritte setzte, und dass schon einigermaßen Zeit vergangen war, seitdem ich losgelaufen war. Es ging auch längst nicht mehr spürbar bergab. Ich musste irgendwo in der Mitte der Line sein, vielleicht sogar schon weiter, hatte seit dem Anfang keine richtigen Fights gehabt und fühlte mich noch mehr als fit genug, um weiterzulaufen. Doch nun drängte sich nach und nach die eigentliche mentale Herausforderung in meine Gedanken. Ich war investiert. Der Weltrekord stand auf dem Spiel. »Scheiß drauf, ob du fällst« war auf einmal nicht mehr drin. Und täuschte ich mich, oder waren das Windböen, die die Line unter mir mehr und mehr in unvorhersehbare, ruckartige Schwingungen versetzten. Warum denn jetzt schon wieder? Es war zum Heulen. Das Zeitfenster mit den guten Bedingungen war also vorbei und ich hatte keine Ahnung, wie weit ich noch zu balancieren hatte.

Doch ich ging weiter. Es dauerte nicht lange, da begann ich zu fluchen und zu kämpfen. Gleichzeitig war ich froh, dass mein anfängliches Pokerspiel aufgegangen war und ich noch Kraftreserven hatte. Ich merkte mehr und mehr, dass ich sie dringend brauchen würde, dieser Line wahrscheinlich alles geben musste, was ich hatte. Könnte es nicht wenigstens ein Mal einfach sein, einen Weltrekord aufzustellen? Andererseits, was wäre der Titel wert, wenn man nicht ein bisschen dafür kämpfen musste? Was wäre irgendetwas im Leben wert, wenn es umsonst wäre? Ich musste an die weisen Worte meines Freundes Pablo denken: »*Don't be scared to really commit to the send. You either walk, or you give up.*«

Meine Schultern und Arme brannten mittlerweile vom langen oben halten und den intensiven, teils ruckartigen Ausgleichsbewegungen, die ich vor allem dann brauchte, wenn der Wind besonders stark an der Line rüttelte und ich es mangels Sicht erst sehr spät wahrnahm. Und immer wenn es ruhig wurde, versuchte ich etwas schneller zu gehen, wenn auch bei Weitem nicht mehr so schnell und unsauber wie zu Beginn, denn es stand ja nun etwas auf dem Spiel.

Mindestens zwei Mal rutschte ich beinahe auf einer der mit Klebeband umhüllten Connections aus oder musste schlagartig stehen bleiben, weil der Leashring sich dort verhakte. Ich schrie jedes Mal laut auf und fluchte, auch wenn ich innerlich wusste, dass es nichts half, und meine Chancen eigentlich umso besser waren, je weniger ich mich in Emotionen hineinsteigerte.

Ich war nun gefühlt schon sehr lange unterwegs und glaubte, bereits einen Hauch von Steigung in der Line zu spüren. Da war sie wieder, die gesteigerte Wachsamkeit eines Sinnes durch das Wegfallen eines Anderen. Der vordere Fuß kam mit jedem Schritt etwas früher mit der Line in Berührung, wahrscheinlich nur Millimeter, doch ich spürte es. Das hieß, dass ich schon weit über die Hälfte gelaufen, wahrscheinlich schon im letzten Viertel der Line war. Vielleicht war ja das Ende schon näher, als ich dachte. Doch es machte meine Situation nicht wirklich einfacher. Die Windböen waren stark, möglicherweise auch begünstigt durch das stufenförmige Terrain unter den letzten paar Hundert Metern der Line, welches die durch das Tal kanalisierten Winde abprallen ließ und nach oben umlenkte. Die zunehmende Nähe des Ankers machte die Schwingungen der Line ruckartiger. Sie fühlte sich immer weniger wie eine kilometerlange Highline an, sondern mehr wie eine tight gespannte Longline. Hinzu kam der schleichende Gedanke, dass ich ja das Ende nicht sehen konnte, also womöglich Gefahr lief, irgendwann beim Leashfall gegen die Wand zu pendeln. Es ist wirklich irre, was man beim Highlinen manchmal für Horrorszenarien im Kopf abspielt, insbesondere, wenn man die Augen verbunden hat und mit seinen Gedanken wirklich ganz alleine ist. Ich kann mich nicht mehr an jedes Detail meiner mentalen Achterbahnfahrten erinnern, aber ich weiß, dass ich auf den letzten hundert Metern wirklich alles gab. Ich hatte so viel gekämpft und erwartete eigentlich jeden Moment zu fallen, aber irgendwie hielt ich an meinem letzten Rest Gleichgewicht fest. Ich schrie, fluchte, schwitzte und zitterte, aber irgendwie ging immer noch ein weiterer Schritt. Ich wollte einfach nicht noch einmal so kurz vor dem Ende scheitern wie ein Jahr zuvor in den USA.

Es ging mittlerweile so arg bergauf, dass es wirklich nicht mehr weit sein konnte. Ich wünschte, es wären Leute am vor mir liegenden Anker gewesen, die mich angefeuert hätten und mir vor allem zurufen konnten, wie weit es noch war. Aber ich war mit meinem Mindfuck ganz alleine. Als es irgendwann so steil wurde, dass ich echte

Angst bekam, mich am Ende zu verletzen, blieb ich stehen, verlagerte mein Gewicht auf den hinteren Fuß, atmete aus und schob ganz vorsichtig und langsam die Augenbinde wenige Zentimeter nach oben. Das schneidend grelle Tageslicht überwältigte mich beinahe. Da war ein Slacklineband unter mir, vor grün-braunem Hintergrund, und, NEIN, das konnte doch nicht sein, keine ZEHN Meter vor mir war die Wand!

Der Weblock, die Schlingen, der Anker, das Ende meiner Odyssee lag vor mir. »Verschenk es jetzt nicht«, sagte ich mir. Ich zog das Buff langsam wieder über meine Augen und beschloss, noch genau zehn Schritte zu machen, mich hinzusetzen, und erst dann wieder die Augenbinde runter zu nehmen. Dann würde die Line auch wirklich als begangen gelten. Diese zehn Schritte fühlten sich wahrlich wie eine Ewigkeit an. Ich weiß nicht, ob meine Arme je so gebrannt hatten, und ob ich jemals so tief in die Knie gegangen war. Ich wollte meinen Körperschwerpunkt einfach so nah wie möglich zur Line bringen, um Stabilität zu gewinnen, auch wenn ich meine Beine mittlerweile kaum mehr spüren konnte. Als ich endlich, nach dem zehnten Schritt, beinahe in Zeitlupentempo begann mich hinzusetzen, hörte ich, noch bevor meine Hand endlich das Band berührte, schon Jubelschreie aus der Ferne hinter mir, und sogar im Tal unter mir. Gottseidank. Die anderen hatten es mitbekommen, dass ich bis zum Ende gelaufen war. Ich selber jubelte nur innerlich. Ich hatte einfach keine Energie mehr.

Als ich die Augenbinde runtergenommen hatte, waren es tatsächlich nur noch zwei bis drei Meter bis zum Ende, die No Fall Zone also, bei der es üblich ist, sich sicherheitshalber vorher hinzusetzen. Doch selbst diese kurze Distanz mit Hangeln und Rutschen zu überbrücken, schaffte ich nur mit Mühe und Not. Ich hatte nicht einmal mehr die Kraft mich hinzusetzen, geschweige denn aufzustehen, sondern ließ mich einfach auf dem kleinen Felsplateau fallen und schloss im Liegen meine Augen.

Es dauerte immer noch, mich an die Helligkeit zu gewöhnen. Ich war leer und ausgelaugt. Ich war durchgeschwitzt und meine Kehle ausgetrocknet und rau vom vielen Schreien. Ich wollte jubeln, brachte aber immer noch keinen Ton über die Lippen. Mir war eher nach Schlafen zumute. Es war komisch, nach einer Weltrekordbegehung an einem leeren Anker anzukommen, ohne die Umarmungen und Glückwünsche der Anderen. Ich beschloss, den Moment dennoch irgendwie einzufangen, und nahm ein kurzes Selfie-Video auf, in dem ich beschrieb, was ich getan hatte, und kurz die Line und Umgebung filmte. Meine Haare waren völlig zerzaust, meine Augen wässrig und ich hatte kaum eine Stimme übrig. Aber ich hatte es geschafft, einen Kilometer blind als erster Slackliner weltweit zu überwinden und würde den finalen Moment so wenigstens später mit der Community teilen können.

Zehn oder 15 Minuten später war ein bisschen Kraft in meine Glieder zurückgekehrt, und mein Verlangen nach echter Gesellschaft und Umarmungen, aber auch nach Wasser war so groß, dass ich mich auf den Weg machte, durch das Wiesental zu meinen Freunden zurückzulaufen. Unterwegs wusch ich mich kurz in einem kleinen Bach und legte mich noch mal daneben inmitten einer Blumenwiese auf den Boden. Neben mir die Musik des Wassers, am anderen Ufer grasende Kühe, über mir strahlend blauer Himmel, durch den sich ein sanft im Wind wiegendes Band erstreckte. Noch vor weniger als einer Stunde der Verzweiflung nahe. Nun ein Gefühl von glücklicher

Erschöpfung, Idylle und Geborgenheit. Solche Gegensätze bilden die Würze des Lebens.

Am nächsten Tag gelang es Lukas ebenfalls, die Line blind durchzulaufen. Er brauchte dafür wie ich ungefähr 50 Minuten und machte sicher seine ganz eigenen psychologischen Berg- und Talfahrten durch. Wir feierten den Erfolg des ganzen Teams gemeinsam am Lagerfeuer. Und dank Lukas' gutem Draht zu Guinness World Records bekamen wir einen Eintrag im Buch der Rekorde und einige Monate später jeweils ein Zertifikat zugeschickt für die »Längste Highline-Begehung mit verbundenen Augen«. Und auch, wenn es nicht an meiner Wand hängt, so freue ich mich doch jedes Mal, wenn ich es in der Hand halte, über diese »handfeste und offizielle« Erinnerung an das russische Highline Festival.

Der Roadtrip meines Lebens

Georgien

Bald nach dem Ein-Kilometer-Projekt neigte sich auch das Festival dem Ende zu. Lukas bekam seine Mitfahrgelegenheit zurück zum Flughafen, während Sasha, Vova, Jaan, Aidan und ich uns auf den Roadtrip unseres Lebens begaben.

Die Fahrt von Russland nach Georgien, über gigantische Gebirgspässe des Kaukasus, erinnerte mich ein bisschen an den Brennerpass zwischen Deutschland und Italien. Nur, dass die Berge hier viel höher und rauer waren. Auf der Passhöhe war es kälter und es lag einen halben Meter dicker Schnee. Auch die Lkw schienen deutlich größer und biestiger, wieder eine Parallele zu den Vereinigten Staaten. Die Grenzgebäude wirkten kalt und bedrohlich, flankiert von vielen bewaffneten Grenzpolizisten, von denen einige mit düsterer Miene unsere Pässe kontrollierten. Aber nichtsdestotrotz fuhren wir genau wie am Brenner aus dem kälteren Norden in den wärmeren Süden, durchquerten eine atemberaubend schöne Bergkette und begaben uns somit in eines der Lieblingsurlaubsländer der Russen: Georgien.

Am höchsten Punkt der Bergstraße – auf immerhin über 3.000 Metern über dem Meeresspiegel – machten wir ein Foto von Sashas Van, der noch nie zuvor so viele Höhenmeter bewältigt hatte. Während der Pausen kochten wir uns auf dem Gasherd im Van Kaffee und Gretschka (Buchweizen). Vor allem Aidan hing dieses Gericht mittlerweile komplett zum Hals heraus, es machte aber satt und soll schon ganze Völker vor dem Hungertod bewahrt haben. Beim Anblick der Berge um uns herum blieb mir die Spucke weg. Die Gipfel der Alpen schienen in meiner Erinnerung mickrig dagegen. Statt schicker Autobahnrestaurants sah man hier an den Raststätten eher alte Kapellen, heruntergekommene Bauernhöfe und Bergbäche, an denen die Rastenden ihre Wasserkanister auffüllten.

Die längste Highline Georgiens

Unser erster Highline-Versuch in Georgien war zum Scheitern verurteilt. Im Internet hatten wir Fotos der 40 Meter hohen ikonischen Felsnadel »Kazchi-Säule« gesehen, circa 100 Meter neben einer ebenso hohen Felswand mit einem malerischen Kloster an ihrem Fuß und einem kleinen Klostergebäude oben auf der Felsnadel. Dort wohnte, so wurde erzählt, mehrere Jahrzehnte lang ein uralter georgischer Mönch, der in all der Zeit nie von der Felsnadel heruntergekommen sein soll, um Gott so nahe wie möglich zu bleiben. Mit einem windig aussehenden, von Hand betriebenen Seilzug schickten ihm seine Klosterbrüder täglich Essen und Wasser in Holzeimern nach oben. Unsere Idee war es, zu dieser berühmten und von Touristen täglich fotografierten Felsnadel eine Highline aufzubauen. Doch welch ein Wunder, irgendwie ließen sich die Mönche nicht von unserem Vorhaben überzeugen, auch nicht, nachdem Sasha in gewohnt militärisch-aggressivem Ton auf sie einredete und gestikulierte, wie professionell wir doch seien und dass wir die Felsnadel mit unserem Band schon nicht umreißen würden.

Aber die Alternative, die sich bald wie von selbst ergab, machte alles wett. Als wir wieder einmal auf der Karte nach möglichen Highline-Spots unweit unserer Route suchten, stießen wir auf die alte Minenstadt Tschiatura, eine Stadt mitten in einem Tal, umringt von steilen, Hunderte Meter hohen Felswänden, voller uralter Bergwerke aus Sowjetzeiten, in denen früher Mangan und Eisenerz abgebaut wurde. Auf Bildern sahen wir, dass überall kreuz und quer alte Seilbahnen hingen. Dieser Ort schrie nach einer Highline.

Dort angekommen, fuhren wir, von Butter triefendes, lokales Chatschapuri mampfend, umher, bis wir einen Seitencanyon entdeckten, der etwa 300 Meter breit und 200 Meter hoch war. Daheim in Deutschland wäre das, was wir als Nächstes taten, undenkbar. Wir fuhren einfach den Van über matschige Schotterstraßen bis an den Rand der Schlucht und fingen munter an, unsere Highline aufzubauen, und das, obwohl unten in der Schlucht eine Straße entlanglief. Als Ankerpunkt nahmen wir auf der einen Seite einen dicken Baum, auf der anderen Seite umschlangen wir mehrere rostige, aber dicke, aus dem Boden ragende Stahlrohre nicht mehr identifizierbarer Konstruktionen. Die wenigen Menschen, die uns sahen, kümmerten sich nicht weiter um uns. Mehr als die Hälfte der umliegenden, von Dschungel umgebenen Plattenbauten schien ohnehin unbewohnt und stark heruntergekommen.

Nachdem Jaan mit der Drohne die Angelschnur rübergeflogen hatte, dauerte es keine Stunde mehr, bis wir die Line hochgezogen und gespannt hatten. Uns war klar, dass wir wohl bald Besuch bekommen würden, spätestens wenn einer von uns in 200 Meter Höhe durch die Luft balancieren würde, nur wenige 100 Mater vom Ortskern Tschiaturas entfernt. Also machten wir uns schleunigst daran, diese Line zu laufen. Ein riesiges Vergnügen!

Sasha und Jaan schafften es jeweils auf den zweiten Versuch, Vova überquerte die Line mit einigen Catches und ich lief sie gleich auf den ersten Versuch mehrere Male hin und her. In der Mitte blieb ich stehen und blickte und betrachtete die alte Minenstadt aus der Vogelperspektive. Ich konnte sogar Menschen in der Stadtmitte erkennen, so gut war die Sicht von dort oben.

Bald fanden sich die ersten Locals ein, um sich das Spektakel aus der Nähe anzuschauen. Ein etwa 50–60 Jahre alter Mann mit sonnengegerbtem, bärtigen und stets lachenden Gesicht sprach uns als Erster an – und das sogar auf Deutsch. Sein Name war Mikayel. Er war begeistert von unserer Show und kam bald mit Brot, Wein und eingelegtem Gemüse zu uns zurück. Außerdem hatte er seine ganze Familie im Schlepptau, die uns fasziniert zusah.

Doch auch die Polizei ließ nicht lange auf sich warten. Der erste Uniformierte, der auftauchte, grinste bis über beide Ohren und fand unsere Aktion super cool. Seine bald darauf eintreffenden Kollegen waren etwas weniger amüsiert, aber schnell mit den anderen Locals in Gespräche verwickelt und wenig bestrebt, etwas gegen uns zu unternehmen. Zumal wir uns ja kaum mit ihnen verständigen konnten. Sie schienen abzuwarten.

Bald fanden wir heraus, warum. Ein Mann traf ein, den ich gar nicht als Polizist erkannt hätte, wenn Mikayel es mir nicht gesagt hätte. Er war jünger und schlanker als die anderen und trug statt Uniform und Waffe ein feines Sakko. Er war wohl eine Art Polizeipräsident dieser Region und in Windeseile aus der nächsten größeren Stadt angereist. Er war von unserem kleinen Projekt gar nicht begeistert und gab uns in sehr genervtem Ton zu verstehen, dass die Highline sofort abgebaut werden müsse. Warum konnte er uns nicht sagen.

Natürlich hatten wir davor besprochen, dass wir den Wechsel immer so schnell und unsere Sessions so gemütlich und ausgedehnt wie möglich machen würden. Damit die Line immer besetzt war.

Wir ließen Mikayel unsere üblichen Ausreden für den Polizeichef übersetzen: »Jetzt ist es zu windig, um die Line abzubauen ... Wir müssen nochmal rüber balancieren, um ein wichtiges Teil zu holen ... Es ist zu gefährlich, den Balancierenden jetzt abzulenken ... Wir stellen gerade einen neuen Highlinerekord in Georgien auf ... Bitte ein letzter Versuch...« und so weiter und so weiter. Außerdem redeten die mittlerweile zahlreichen Zuschauer ständig auf die Polizisten ein – allem Anschein nach zu unseren Gunsten. Alles, während Vova einen weiteren Lauf auf der Highline genoss, hin und wieder den Zuschauern zuwinkte, und sich auf der für ihn noch relativ langen Highline immer weiter pushte.

Der Polizeichef sprach alle paar Minuten mit irgendwem am Telefon und wirkte immer frustrierter. Dann traf auch noch ein Reporter mit einem Kamerateam ein. Sie hatten zwei Stunden zuvor ein Handyfoto geschickt bekommen und waren daraufhin Hals über Kopf aus der Hauptstadt Tiflis aufgebrochen, um diese exotischen Slackline-Pilgerer bei ihrem Balanceakt zu filmen. Sie interviewten

Sasha und mich, machten ihre Bilder, und ließen die ganze Aktion für die Locals nur noch spektakulärer wirken.

Irgendwann verließ uns der fein gekleidete Polizeichef, nachdem er uns das Versprechen abgerungen hatte, dass wir die Line noch vor Anbruch der Dunkelheit abbauen würden. Er ließ einen seiner Untergeordneten als Aufpasser bei uns. Sichtlich unglücklich saß dieser den Rest des Tages Zigarette rauchend und mürrisch auf einer Bank, während wir die Highline auskosteten, den Applaus der Locals genossen und schließlich beim letzten Tageslicht die Line abbauten.

Armenien

Noch nie hatte ich solch einen Ausdruck der Angst in Aidans Gesicht gesehen. Unser Roadtrip sollte uns von Georgien weiter nach Armenien führen, und nachdem wir stundenlang in einer Autoschlange gewartet hatten, kam an der Grenze zum Nachbarland ein grimmiger, Camouflage tragender Grenzbeamter mit umgehängtem Maschinengewehr zu unserem Auto und verlangte unsere Papiere. Er sah sich unsere Pässe einzeln an und warf sie respektlos zurück ins Auto. Bei Aidans australischem Pass hielt er kurz inne und versuchte, Aidans Namen auszusprechen, relativ erfolglos.

Er sah den damals noch 21-Jährigen mit dunkler Miene an, formte mit Daumen und Zeigefinger eine Pistole aus seiner Hand, richtete sie auf Aidan und sagte: »Paff!« Dabei lachte er laut und dreckig.

Aidans Gesicht war blass, und er wünschte sich sichtlich nichts lieber, als aus dieser Situation so schnell wie möglich unbeschadet rauszukommen. Niemand sagte etwas. Wir hatten nichts verbrochen, aber Grenzbeamte verstehen es einfach, Leute dazu zu bringen, sich schuldig zu fühlen. Nach einer langen, unangenehmen Stille, in der unsere Gedanken rasten, wir aber kein Wort herausbrachten, winkte uns der Kerl endlich weiter. Was für eine Erleichterung!

Bald darauf konnten wir immerhin schon ein wenig lachen über den Schreck, der immer noch in Aidans Gesicht geschrieben stand.

Die Oldtimer

Da Sasha niemand anderen mit seinem Bus fahren lassen wollte, hatte der Rest unserer Gang viel Zeit, um auf Google Maps die vor uns liegende Route genauer zu studieren. Vovas Augenmerk lag dabei nicht nur auf Highline-Locations, sondern auch auf potentiellen Base Exits. Seinen Fallschirm hatte er dabei.

Irgendwann las er auf einem Blog von einem hochinteressanten Objekt: die größte Eisenbahnbrücke Armeniens. Ein riesiges stählernes Monster aus Sowjetzeiten, gespannt über einen 140 Meter tiefen Canyon, durch den der Fluss Hrasdan floss. Es würde keinen großen Umweg bedeuten, also machten wir uns auf den Weg.

Dort angekommen, stellten wir schnell fest, dass die Brücke bewacht wurde: Auf einem Schaukelstuhl wippend, vor einem kleinen heruntergekommenen Wachhäuschen am Beginn der Brücke, saß ein ulkig aussehender, in die Jahre gekommener, sonnengegerbter Mann in Jogginghose, Schlappen, Camouflage-T-Shirt und mit einer Kalaschnikow um die Schultern geschlungen. Als wir auf ihn zugingen, machte sich ein riesiges Grinsen auf seinem Gesicht breit. Die Kommunikation mit ihm war etwas einfacher, weil vor allem die älteren Menschen in Armenien fast allesamt Russisch sprechen. Und so schafften es Sasha und Vova tatsächlich, dem alten Armenier nicht nur zu erklären, was eine Highline ist, sie konnten ihn sogar dafür begeistern. Er sagte, dass er erst noch mit seinem Chef-Offizier telefonieren müsse, es aber grundsätzlich cool fände, wenn wir hier neben der Brücke durch die Luft balancieren würden.

Der Boss, den ich bald noch persönlich treffen sollte, gab uns tatsächlich die Erlaubnis und wir durften sogar mit der Tagline in der Hand über die Brücke laufen, um so unsere Verbindung zu legen. Mit dieser und einer Ausgleichsverankerung zwischen mehreren Büschen auf der einen Seite sowie einer umschlungenen Stallruine auf der anderen Seite war unsere Highline nach einer Stunde aufgebaut. Sie war 290 Meter lang und damit die längste Highline Armeniens.

Sasha bekam wieder den ersten Versuch und nach einigen Stürzen auf dem Hinweg schaffte er es beim Rückweg komplett durchzulaufen und damit endlich eine unserer Lines erstzubegehen, was das gesamte Team sehr freute.

Meine Begehung wurde dann zur ultimativen Odyssee. Nachdem ich die Line Onsight Full Man gelaufen war, lief ich nochmal mit GoPro und Selfie-Stick bewaffnet zur Mitte, um Vova bei seinem Basejump von der Brücke zu filmen. Der Teufelskerl machte doch allen Ernstes gleich beim ersten Sprung einen Vorwärtssalto und landete problemlos auf einem ziemlich schmalen Feldweg neben dem Fluss unter der Brücke.

Ich bemerkte, dass uns eine Gruppe von Männern von der anderen Seite der Schlucht zuschaute. Das mussten die dortigen Wächter der Brücke gewesen sein, vielleicht auch der Offizier, von dem unser Mann telefonisch die Erlaubnis für unsere Highline eingeholt hatte.

Gewehre sah ich keine, dafür jede Menge neugierige bis staunende Blicke. Also entschloss ich mich, nochmal rüber zu balancieren und für die Herren ein paar Kunststücke aufzuführen.

Sie begrüßten das sehr, winkten mich näher ran, lachten, waren begeistert von der Show und signalisierten mir schließlich mit Händen und Füßen etwas, das ich für eine Einladung zum Kaffeetrinken hielt. Ich balancierte also bis zum Ende der Line und über die Mistreste des alten Ziegenstalls, glücklicherweise nicht barfuß.

Ich wurde von fünf urigen Männern mit einem Applaus empfangen. Sie waren allesamt im Stil des ersten Brückenwärters gekleidet: irgendwie militärisch und doch gemütlich. Keiner sprach auch nur ansatzweise Englisch. Einige von ihnen kannten ein paar einzelne Wörter auf Deutsch, aber maximal etwas in diesem Moment nutzloses wie »Auto«, »Guten Tag« oder »BMW«. Mit meinem Hauch von Russisch und ihren Gesten mit Händen und Füßen verstand ich, dass ich zu einem kleinen Imbiss in ihre Stube kommen sollte.

Das Haus, in dem die Brückenwärter sich aufhielten, glich einer alten Kaserne, sicherlich ebenfalls in der Sowjet-Ära erbaut. Die Einrichtung wirkte wie aus einem anderen Zeitalter. Die Möbel waren rustikal und mit Staub bedeckt. An den Wänden hingen verblasste Schwarzweiß-Fotos von Soldaten. Vereinzelt auch alte Gewehre, von denen keines so aussah, als würde es je wieder einen Schuss abfeuern. Das modernste Gerät, das ich erspähen konnte, war ein Telefon mit Wählscheibe.

Ich folgte den Männern in eine Art Büro ihres Chefs, wo sie mir sogleich einen Haufen Brot und Käse hinstellten und zum Trinken leider die ekligsten Limonaden, die ich je gekostet hatte. Grüne Plastikflaschen, deren Inhalt ebenfalls grün war! Klebriges, vor künstlichen Aromen strotzendes Zuckerzeug. Ich bekam nur wenige Schlucke runter.

Der Käse war gut, aber sehr salzig. Das musste ja so sein. Jetzt hatte ich Durst, konnte ihn aber nicht löschen. Schnaps boten sie mir ebenfalls an, den ich höflich, aber vehement ablehnte. »*Ya nje pio alkagol*« – »Ich trinke keinen Alkohol« – war einer der russischen Sätze, den ich vor der Reise auswendig gelernt hatte und am häufigsten brauchte.

Der Chef-Offizier versuchte, sich mit mir zu unterhalten, indem er sein tiefes, raues Russisch sehr langsam, aber extra laut vortrug. Ich verstand sogar einige Wörter, nickte immerzu freundlich und lächelte. Auf den Inhalt kam es bei diesem interkulturellen Austausch nicht so sehr an. Es war surreal. Wie war ich bloß im Büro dieses, was-auch-immer-sein-Rang-oder-Beruf-sein-mochte-Armeniers gelandet? Sollte ich nicht eigentlich Angst haben? Immerhin kannte ich die Leute nicht im Geringsten. Und sie hatten Waffen. Aber ich verspürte keinerlei Angst. Man muss nicht immer die gleiche Sprache sprechen, um sich zu vertrauen. Sie hatten mich highlinen gesehen und jetzt war ich ihr Gast. Männer im Alter meines Vaters redeten auf mich ein, allesamt eindeutig begeistert, dass hier ein junger Mann aus Deutschland vor ihnen saß. Ich bekam ein paar Fetzen über Autos mit, irgendwelche Verwandten oder Freunde in Deutschland und natürlich Fußball. Kaum jemand hat weniger Ahnung von Fußball wie ich, aber bei jeder Erwähnung deutscher Fußballer nicke ich im Ausland immer tiefgründig blickend – wie ein Experte.

Als nach zahlreichen mimischen und gestischen Aufforderungen, noch mehr zu essen, endlich nichts mehr in mich reinpasste, kam das Highlight des Tages. Die Herren brachten mich nach draußen und präsentierten mir stolz ihre Oldtimer-Kollektion. Mehrere uralte Autos und Kleinbusse, einer sogar ein VW, die meisten nicht mehr zu identifizieren. Halb auseinandergeschraubt, teilweise rostig, aber eindeutig noch nicht fahruntüchtig. In einer Garage stand der Klassiker unter den sowjetischen Autos, ein Lada, sicher gute 30–40 Jahre alt, aber scheinbar noch einigermaßen in Schuss. Ich fragte mit Gesten, ob ich mich mal reinsetzen dürfe, um ein paar Selfies mit meiner GoPro zu machen, und sie drückten mir allen Ernstes einen Schlüssel in die Hand, nickten mir auffordernd zu, machten Lenkrad- und Gaspedal-Gesten. Die wollten, dass ich mit ihrer Klapperkiste eine Runde drehte!

Wenn man einmal angefangen hat, das sprichwörtliche Ruder aus der Hand zu geben, und sich auf alles einlässt, was der Tag einem bringt, dann hört man nicht einfach plötzlich damit auf. Also nahm ich die Schlüssel, setzte mich hinters Steuer und startete den alten Lada, der mit einem lauten Dröhnen auf den ersten Versuch ansprang. Das war den Jungs einen Applaus wert. Inklusive Gelächter. Ich glaube, ein paar von ihnen ließen auch die Schnapspulle unter sich rumgehen. Glücklicherweise war das Gefährt so geparkt, dass ich nur vorwärts losrollen musste.

Ich fuhr aus der Garage heraus und langsam über den Hof, mit Mühe und Not die schwere, sich klebrig anfühlende Kupplung tretend. Das Gaspedal schien ebenfalls beinahe eingerostet, der Motor war laut, eine Servolenkung natürlich nicht vorhanden. Die Jungs trotteten mir lachend hinterher. Ich wusste, je mehr Begeisterung ich ihnen zeigen würde, desto mehr würden sie sich freuen und desto mehr Gastfreundlichkeit würden sie immer noch oben drauf legen. Ich gab Gas und schaltete in den zweiten Gang, begann ihnen davon zu fahren, winkte aus dem Fenster und rief: »*Bye bye.*«

Sie verstanden den Spaß, zumal ich einem von ihnen zuvor meine GoPro in die Hand gedrückt hatte, um mich beim Oldtimer-Fahren zu filmen. Das Vertrauen war gegenseitig. Ich fuhr einmal um ihr Haus herum und kam mitten im Hof vor den lachenden, schenkelklopfenden Männern zum Stehen. Nun hatten sie eine herrliche Geschichte für ihre Kinder und Enkelkinder oder Kneipenbuddies, die sie zweifelsohne noch ordentlich ausschmücken würden. »Damals, als der verrückte deutsche Seiltänzer auf einmal über die Schlucht neben ihrer Brücke balanciert kam und mit ihrem steinalten Auto beinah einen Unfall baute ...«

Zum Abschied drückten sie mir eine Plastiktüte voller Brot, Käse und einer der ekligen Limos in die Hand. Sie gestikulierten in Richtung der anderen Seite der Highline und sagten »*tvoi druzya*«, Russisch für »deine Freunde«. Ich sollte also mit Proviant für meine Freunde zurück über die Highline balancieren. Na, die trauten mir aber einiges zu!

Ich bedankte mich von Herzen, befestigte die Tüte an meinem Klettergurt, hoffte, sie würde nicht reißen und nicht zu sehr schaukeln, band mich in die Sicherung ein und rutschte raus auf die Highline. Mit jedem Schritt, den ich mich über die Schlucht bewegte, wurden hinter mir die Stimmen und das Gelächter der alten Armenier leiser und leiser.

Zurück auf der anderen Seite angekommen, war das Lachen um keinen Deut weniger herzhaft, als ich meinen Freunden Sasha, Vova, Aidan und Jaan von meinen Erlebnissen erzählte, ihnen die Brotzeittüte überreichte und auch sie von dem gelb-grünen Zuckergesöff kaum einen Schluck runterbrachten.

Bevor wir zusammenpackten und abfuhren, ließ unser Brückenwärter Sasha und mich jeweils mit seinem Gewehr auf dem Arm für ein Foto posieren. Was für lustige Kerle.

Power Tower Highline

»Dude, there are two towers without cables on them!«, platzte es auf einmal aus Vova heraus.

Ich erwachte aus meinem Halbschlaf, hinten auf Sashas Bett, während unser Bus über irgendeine Landstraße mitten durchs armenische Nirgendwo tuckerte. Das Letzte, was ich zuvor während der Fahrt bewusst wahrgenommen hatte, war, dass wir zeitweise im Schritttempo fahren mussten, weil riesige Schafherden vor uns die Straße überquerten. Doch jetzt gab es wohl etwas, das wir uns genauer ansehen sollten.

In so spärlich besiedeltem Land verlaufen in der Regel alle Stromleitungen über der Erde an großen Strommasten. Und was Vova entdeckt hatte, ließ uns alle sofort innehalten. Zwei große, einsam auf freiem Feld stehende Masten, an denen wir auch nach längerem Hinsehen keine Kabel entdeckten! Das gefundene Fressen für Highliner! Das mussten wir uns sofort genauer ansehen.

Wir zoomten auf der Karte umher, bis wir herausfanden, welche Feldwege uns am nächsten an die Türme bringen würden. Mit Sashas tüchtigem Toyota war es kein Problem, auch Wege zu nehmen, die ansonsten nur von Traktoren befahren oder von Vieh begangen wurden. Die letzten hunder Meter gingen wir zu Fuß über grüne Wiesenhügel, umringt von Äckern, natürlichen Hecken, duftenden Frühlingsblumen und Brennnesseln. Unser Blick aus der Ferne hatte nicht getrogen. An diesen beiden Strommasten waren tatsächlich keine Kabel! Sie wirkten völlig neu, in hellem Grau, keinerlei Rost auf dem Stahl und noch kaum Pflanzenwuchs um die Betonsockel an ihren Füßen. Anscheinend standen sie noch nicht sehr lange dort in der Pampa und warteten noch auf ihre Stromkabel. Was für ein Glück, dass wir genau in diesem, wer weiß wie kurzen Zeitfenster ausgerechnet diese Landstraße entlangfuhren. Der Plan war gefasst, ohne dass wir groß darüber sprechen mussten.

»*Let's do it guys!*«, sagte Sasha.

Mit dem Laser-Entfernungsmesser fanden wir heraus, dass die Türme knapp 70 Meter hoch waren, 320 Meter weit auseinander standen und ihre Spitzen nahezu auf gleicher Höhe waren. Dazwischen lagen nur Grashügel und einige Büsche.

Während Aidan und Vova begannen, die Line im Gelände auszulegen, sprachen Sasha und ich uns ab, wer von uns auf welchen Turm klettern würde und was wir an Material zur Verankerung mit hochnehmen sollten.

Es gab Streit, was in letzter Zeit leider immer wieder vorgekommen war. Seitdem Sasha die Ein-Kilometer-Line in Kislovodsk erfolgreich begangen hatte und damit den russischen Slackline-Rekord hielt, hatte sich irgendetwas bei ihm verändert. So empfand ich es zumindest. Sein Ego wirkte manchmal über die Realität hinausgewachsen. Ständig kommandierte er andere herum.

»*Just take one fucking sling and shackle and do it like this! Why so complicated way like you?*«

Er wollte mir allen Ernstes erzählen, wie ich den Highline-Anker aufzubauen hätte, wollte mir weismachen, dass meine Variante bescheuert sei. Vielleicht war aber ich auch nicht viel umgänglicher als er. Vielleicht ließ ich es manchmal unbewusst raushängen, dass ich viele Jahre mehr Erfahrung als die meisten Slackliner hatte.

Die anderen fügten sich meistens seinen Ansagen oder gingen einem möglichen Streit aus dem Weg. Ich machte allerdings definitiv keinen Hehl daraus, wenn ich anderer Meinung oder richtig genervt von jemandem war. Umso besser, dass wir beim Aufbau der Line schließlich jeder auf unserem eigenen Strommast waren, wie auf einem eigenen Thron, alleinige Herrscher über unseren Highline-Turm. Zwischen unseren Königreichen befand sich 320 Meter Luftlinie. Walkie-Talkies hatten wir keine. Das war wohl genau der Abstand, den unsere Gemüter jetzt brauchten. Die Kommunikation lief sowieso mehr über Aidan und Vova, die in der Mitte das Slacklineband ausgaben.

Auf den Strommast zu klettern, war schon ein Abenteuer für sich, eines, das ich mir in meiner Kindheit oft ausgemalt hatte. Natürlich hatte ich es nie ernsthaft in Erwägung gezogen, wohlwissend, dass die Gefahr eines tödlichen Stromschlags größer war und viel weniger unter meiner Kontrolle, als die Gefahr beim Klettern abzustürzen. Hier konnte ich diese Phantasien mangels Stromleitungen endlich verwirklichen. Und so kletterte ich, mit einer Tagline an meinem Gurt befestigt, an der ich später die Slackline von der Mitte hochziehen würde, vorsichtig Sprosse um Sprosse, Querstrebe um Querstrebe den luftigen, komplett exponierten Turm hoch. Alle paar Griffe bzw. Schritte hielt ich inne, machte Pause, damit meine Arme nicht zu aufgepumpt würden.

An der Spitze des Turms angekommen, sicherte ich mich und begann, den Highline-Anker aufzubauen. Es war ein Kinderspiel. Padding, Schlinge, Schäkel, Backup an dem Stahlträger befestigen, Line hochziehen, einhängen und fertig. Sasha brauchte auf der Spannseite etwas länger, weil er sich beim Hochklettern alle paar Meter mit einem Kletterseil am Turm sicherte. Es war absolut sinnvoll, da er dieses Seil anschließend oben befestigen wollte, um sich später daran abzuseilen. Zusätzlich konnten wir damit zum Highlinen später mit

Sicherung hochklettern. Da wir nur ein Seil hatten, musste ich am Static Anchor darauf verzichten und den Turm nach dem Spannen herunterklettern, anstatt mich abzuseilen.

Die Line war der Wahnsinn. Völlig exponiert in alle Richtungen. Selbst durch die Strommasten konnte man durchschauen und so von nahezu allen Punkten der Highline aus unendlich weit in die ländliche Ferne blicken. Und die Line war mit 320 Metern Länge nochmal länger als die letzte, würde also wieder einen neuen Rekord in Armenien darstellen.

Nachdem Sasha und Vova einige Versuche auf dem Band gemacht hatten, kamen sie runter von ihrem Turm und ich kletterte hinauf. Es war göttliches Timing. Der Wind hatte sich gelegt und ich durfte in den Sonnenuntergang balancieren.

Die Fotos, die Aidan davon gemacht hat, haben auch heute noch eine magische Wirkung auf mich. Ich war dort oben zwischen den Strommasten so losgelöst von allem. Gleichermaßen von meiner physischen Umgebung, von der Erde, als auch irgendwie von der Wirklichkeit. Ich befand mich auf einem schmalen Band zwischen zwei Strommasten mitten im ländlichen Armenien, frei wie ein Vogel. Von der Mitte aus konnte ich den höchsten Berg der Türkei sehen, den Ararat, 5.137 Meter hoch, weit im Osten von Armeniens Nachbarland gelegen. Dazwischen endlose, menschenleere Ferne. Ein paar winzige Dörfer und Bauernhöfe waren in Sichtweite, aber niemand schien uns entdeckt zu haben. Ich genoss jeden Schritt, ließ mir viel Zeit. Ich lief mal gezielt schnell, mal setzte ich meine Schritte in Zeitlupentempo. Mal schloss ich für ein paar Sekunden die Augen, mal verschränkte ich die Arme hinter dem Rücken. Das Training auf den letzten Lines hatte sich ausgezahlt. Ich schwebte.

Ich kann mich nicht erinnern, je eine Line in dieser Länge gelaufen zu sein, die mir so leicht fiel.

Auf dem Rückweg machte ich einige Yoga-Figuren, stand auf einem Bein, nahm meinen freien Fuß in die Hand: Sarvangasana, meine Lieblings-Asana. Danach blieb ich in der Mitte stehen und beobachtete den Sonnenuntergang im Westen. Es herrschte absolute Stille. Ich entspannte mich so gut ich konnte, hielt am Ende mein Gleichgewicht mit nur noch winzigen Bewegungen meiner Handgelenke. Ich war völlig eins mit der Line, mit dem Ort, mit diesem Moment. Ich war dankbar.

Das war die erste und einzige »Power-Tower-Highline«, die meines Wissens nach je von irgendwem begangen wurde. Am nächsten Tag gelang es auch Sasha, sie von Anfang bis Ende durchzulaufen, und Vova überquerte sie mit nur einem Fall. Auch er wurde mit jeder Route stärker und süchtiger nach dem Balancegefühl. Wir hatten uns wieder alle lieb.

Bei meiner letzten Session entschied ich mich zu etwas, was ich schon jahrelang nicht mehr gemacht hatte: einer Leash-Swami-Begehung, also einer Begehung, bei der man das Sicherungsseil nicht am Gurt festmacht, sondern um den Bauch bindet – eine Vorstufe zum kompletten Free Solo. Auch darüber hatte ich bei dieser Route längst nachgedacht. Sie fiel mir wahnsinnig leicht, die Bedingungen waren perfekt und ich wusste schon immer: Wenn ich nochmal auf meinen letzten Free-Solo-Weltrekord einen draufsetzen wollte, dann müsste es wieder ein *»paradigm shift«* sein, also nicht nur ein paar Meter länger, sondern bahnbrechend, in neuen Dimensionen. 320 Meter wären solch eine neue Dimension. Und ich fühlte mich körperlich bereit.

Aber irgendetwas hielt mich davon ab, die Sicherung komplett wegzulassen. Ich wollte mir den Rekord noch aufheben. Die Line war nicht hoch genug. Wenn ich meinen eigenen Standards treu bleiben wollte, musste sie mindestens so hoch wie lang sein, also in dem Fall über 320 Meter! Wenn man einmal einen Free-Solo-Highline-Weltrekord geschafft hat, gibt es kein Zurück mehr. Man kann nichts mehr ändern. Man muss mit dem Ort und der Leistung glücklich sein. Hier reichte es mir einfach nicht. Ich glaube auch, der Streit mit Sasha am Vortag war noch zu präsent. Es war eben nicht alles 100 %ig perfekt, wie ich es für ein Free Solo brauchte.

Heute bereue ich es ein kleines bisschen. Wenn ich über Free-Solo-Highline-Weltrekorde nachdenke, was immer noch die in meinen Augen größte Herausforderung ist, wird mir klar, dass man dafür nicht beliebig viele Gelegenheiten bekommt. Vielleicht hätte ich diese damals ergreifen sollen. Stattdessen wählte ich die Swami-Variante, bei der das Commitment nicht ganz so groß ist. Eigentlich ist es schwachsinnig. Wenn man ein Seil um den Bauch gebunden hat und da reinfällt, verursacht das höllische Schmerzen, oft sogar innere Verletzungen, und wie soll man dann gerettet werden, bevor man erstickt oder verblutet? Man könnte die Sicherung eigentlich gleich komplett weglassen. Aber es beruhigt eben den Kopf, wenn man noch irgendein Seil an sich fühlt, auch wenn man beim Sturz unbedingt catchen muss.

Ich war mit dem Swami natürlich anfangs leicht nervös, ging langsamer als mit Gurt, fast wie bei einem Free Solo. Aber die Wetterbedingungen blieben stabil und ich glitt im Flow über die Line. 15 Minuten später war ich drüben angekommen und wusste: Ich könnte diese Distanz hier ohne Sicherung laufen. Ich war sicher genug. Aber ich ließ es.

Später fand ich heraus, dass noch niemand diese Distanz mit der Leash-Swami-Variante gelaufen war. Die anderen hatten es unten gar nicht mitbekommen, und ich erzählte es ihnen erst einige Tage später.

Ein Abenteuer, das in dem Moment nur mir ganz alleine gehörte und das trotzdem ein kleiner, inoffizieller Weltrekord war.

1. Juli 2019
WHY?

Why go on a 2 month long roadtrip through the Middle East? Why travel to places far away from your home and your belongings? Why sleep outside when you could sleep in your comfortable bed? Why endure the hardship, hunger, the risks that often come with a journey off the beaten path? Why seek uncertainty, when everything is easily taken care of at home? Why try to find new highlines when you could just train at home? Why Free Solo when you could be wearing a leash and have no consequences to failure at all? Why face your fears when you could just stay inside your comfort zone forever?

I firmly believe that it is in the adventure, in the ever changing horizon, the unconventional and new experiences that challenge our body and our mind, that we find true and lasting happiness.

And I think if we always listened to the scared voice inside that's telling us to stay in our nice and warm comfort zone, mankind would still be living in caves.

Iran

Dank der Unvergesslichkeit Facebooks weiß ich heute noch die Worte von Mahmoud, dem iranischen Slackliner, der mich schon ein Jahr zuvor in sein Land eingeladen hatte:

»*You are the man, I mean, you are the best highliner in my mind and I think all Iranian slacker knows you completely and really want to see you in Iran. Make us super glad if you can come for the next one. It's great for Iranian highliner to see your training and highlining here. It can improve slacklining in Iran! So you are my special guest each time that you can come. It's the pleasure of Iranian slackliners to create an opportunity for the slackliners all over the world to experience this exiting activity in Iran.*«

Wer könnte zu so einer Einladung Nein sagen?

Nach unseren Abenteuern in Armenien setzten wir also unseren Roadtrip fort gen Süden und in Richtung Mahmouds Heimat. Je näher wir dem Iran kamen, desto mehr verwandelte sich die Landschaft um uns herum von Grashügeln und Schafweiden zu Wüste. Von grün über braun zu orange. Die Grenze verlief entlang eines Flusses, auf dessen beiden Seiten sich ein fünf Meter hoher Stacheldrahtzaun hinzog. Der Grenzübertritt selber entpuppte sich als eine

Odyssee. Unsere Pässe und Visa bekamen grünes Licht. Unser Auto jedoch nicht. Wir brauchten ein sogenanntes »Carnet de Passage«, eine Art Visum für Autos, mit dem manche Länder verhindern wollen, dass Ausländer illegal ihre Autos im Land verkaufen. Sasha hatte vorher davon gewusst, hätte für die Beantragung aber vor unserer Reise nochmal bis nach Moskau zurückfahren und dort wer weiß wie lange warten müssen. Er war sich sicher gewesen, dass es an der Grenze eine Möglichkeit geben musste, irgendwie mit dem Auto durchzukommen.

Die gab es in der Tat, allerdings mussten wir ganze zwei Tage darauf warten. Als wir an der Grenze ankamen, war es Donnerstagnachmittag und damit Wochenende im Iran. Freitag ist dort Feiertag und damit wirklich heilig. Also schlugen wir unsere Zelte auf und brüteten in der Hitze auf dem Parkplatz an der Grenze vor uns hin. Samstagmittag war es endlich soweit und der Grenzbeamte, der uns versprochen hatte, uns weiterzuhelfen, meldete sich endlich.

In spärlichem Englisch erklärte er, wie viele Gebühren wir für irgendeine Art temporäres »Ersatz-Carnet-de-Passage« bezahlen müssten. Ich weiß bis heute noch nicht wirklich, was genau abging. Sasha und Vova schienen damit mehr Erfahrung zu haben. Sie nannten es einfach: »*Corruption. There is a price for everything.*«

Wir bekamen also für umgerechnet etwa 150 Euro irgendeinen Wisch in die Hand gedrückt, und unser Auto wurde durchgewunken. Auch teilte uns der Grenzbeamte mit, wir bräuchten noch ein weiteres Papier, was er uns aber hier nicht geben könne, das aber seine Kollegen in der nächsten Kleinstadt Richtung Teheran für uns bereithalten würden. Das war wirklich skurril. Als wir zum ersten Mal hielten, um uns auf iranischem Boden einen Snack zu kaufen,

kam sofort ein Mann auf unser Auto zugelaufen, freundlich drein-
blickend und ebenfalls mit einem Papier in der Hand. Er sprach kein
Wort Englisch, geschweige denn Deutsch oder Russisch, schaffte es
aber, uns klarzumachen, dass er ein Kollege von dem Typ an der
Grenze war und wir dieses Papier für unser Auto brauchten. Verrückt. Wir hatten keine Telefonnummer oder sonst etwas hinterlas-
sen, hatten zu dem Zeitpunkt noch nicht einmal mobile Daten im
Iran. Hatte er einfach am Straßenrand auf unser Auto gewartet?

Ein weiterer merkwürdiger Moment war, als wir an der Grenze
Geld wechselten. Der Iran war vom internationalen Zahlungssys-
tem weitgehend ausgeschlossen, man konnte dort also mit keinerlei
ausländischer Bank- oder Kreditkarte bezahlen oder Geld abheben.
Also fragten wir uns an der Grenze nach einer Wechselstube durch.
Ein Mann fing uns ab, bevor wir zur Kasse gehen konnten. Er sprach
ein bisschen Englisch und erklärte, dass wir hier unsere hübschen
100-$-Scheine nur verschwenden würden, da der offizielle, von
staatlichen Stellen gehandelte Wechselkurs ein viel schlechterer sei
als »in the streets«. Wir kapierten erstmal gar nichts, witterten eine
Abzocke und konnten es kaum glauben, wie viele Rial mehr er uns
geben wollte als die offizielle Stelle. War das ein Stapel Falschgeld,
den der Typ uns andrehen wollte? Es waren so viele Banknoten!

Während immer einer von uns irgendwie mit ihm kommunizier-
te, versuchten wir anderen, mit Hilfe von Google schlauer zu werden. Es war so: Im wirtschaftlich hart sanktionierten und isolierten
Iran herrschte massive Inflation. Das Bargeld war kaum etwas wert.
Ein Laib Brot kostete in der Landeswährung 50.000 Rial. Auslän-
disches Geld, allem voran Euro und Dollar, war dagegen wahnsinnig
begehrt, weil es im Wert viel beständiger war. Vor allem für Schwarz-

marktkäufe war es interessant, denn im Iran waren viele Güter verboten und/oder mussten um Embargos herumgeschmuggelt werden. Dazu zählten etwa Alkohol, High-Tech und andere westliche Kulturgüter. Bis wir es endlich kapiert hatten, war der Typ schon relativ genervt von unserem Misstrauen und unserer Begriffsstutzigkeit. Er war mit seinem ursprünglichen Angebot schon etwas runtergegangen, bot uns aber immer noch etwa vier Mal so viel wie die offizielle Wechselstelle. Ich hatte schon öfter um Waren gefeilscht, aber noch nie um Geld.

Später in Teheran erfuhren wir, dass wir dort noch mehr für unsere Dollars und Euros hätten bekommen können. Aber so oder so sollten wir die nächsten drei Wochen wie Könige leben. Benzin war hier *»basically free«*, wie Sasha es prophezeit hatte, so billig, dass man beim Tanken kaum mehr darüber nachdachte. Und die iranische Gastfreundschaft übertraf <u>alle</u> Klischees, die man jemals über den Orient gehört hatte. Nachdem wir fast einen Tag lang in brütender Hitze über staubige, vermüllte Landstraßen gefahren waren, wurden wir von den Slacklinern in Teheran mit so viel Freundlichkeit und Begeisterung empfangen, wie ich es auf keiner anderen Reise erlebt hatte.

Sie stritten sich fast darum, wer uns die Stadt zeigen, zum Essen einladen und zu sich nach Hause mitnehmen durfte ... Für sie waren wir wie Superstars. Es war manchmal schon ein komisches Gefühl, aber ich konnte ihre Freude verstehen: Wer selber nicht die Freiheit hat, so zu reisen wie wir Europäer, der freut sich umso mehr, wenn jemand aus einem anderen Land zu ihm kommt. Es bewegte mich zutiefst, diese jungen Leute in diesem so fremden, teilweise verrufenen Land so offen zu erleben. Ich hätte das vorher nie gedacht. Allein in Teheran gibt es wohl einige Hundert aktive Slackliner, die sich regelmäßig in Parks zum Trainieren treffen, Vereine gegründet haben, allesamt wie ich, von derselben Sucht nach dem Schweben auf dem schmalen Band ergriffen. Allerdings waren nur die Erfahrensten von ihnen auch aktive Highliner.

Im Iran ist es extrem schwierig, an Slackline- und Kletterequipment oder allgemein an Sportartikel heranzukommen. Ich fand bald heraus, dass sich hier knapp zehn Leute einen einzigen Klettergurt zum Highlinen teilten. Früh fasste ich den Entschluss, vor meinem Heimflug so viel wie möglich von meinem persönlichen Equipment zu verschenken.

Ich weiß gar nicht, wo ich anfangen soll bei all den vielen wunderschönen, tiefen Erinnerungen an den Iran ... Was auf jeden Fall nicht unerwähnt bleiben darf, und was wir auch sehr früh auf unserer Reise schon kennenlernen durften, ist das göttliche, sagenumwobene, schädeldeckensprengend leckere persische Essen.

Am ersten Abend in Teheran lud uns Mahmoud, das persische Slackline-Urgestein mit den zotteligen schwarzen Haaren, vereinzelten grauen Strähnen und einem bärtigen, sonnengegerbten, immerzu lächelnden Gesicht zu sich nach Hause zum Essen ein: Seine Mutter hatte bereits am Vortag zu kochen angefangen, als er ihr die Ankunft von ausländischen Gästen angekündigt hatte. Im Iran bleiben junge Leute meistens im Elternhaus, bis sie heiraten, und ziehen auch dann nicht unbedingt aus. Nähe zur Familie ist Teil der Kultur – es mochte aber auch mit den horrenden Mietpreisen in Teheran und der immerwährenden Inflation zu tun haben. Mahmoud war unverheiratet und wohnte mit Ende Dreißig immer noch bei seinen Eltern. Diese sprachen zwar kein Wort Englisch, waren aber ebenfalls begeistert, uns zu sehen. Was folgte war ein Festmahl. Auf dem Teppich im Wohnzimmer wurde ein langes weißes Tuch ausgebreitet und wir setzten uns alle im Schneidersitz auf den Boden. Es gab Ghormeh Sabzi, das iranische Nationalgericht: Ein wahrhaft göttlicher Eintopf aus grünem Gemüse und Kräutern, getrockneten Limetten, roten Bohnen und Rindfleisch mit einer Beilage aus knusprigem Safran-Reis.

Und auch die ersten Highlines sollten nicht lange auf sich warten lassen. Mahmoud erzählte uns von einem Spot gleich an der Stadtgrenze im Norden von Teheran, umringt von Bergen. Dort gab es bereits zwei kürzere Lines, die die Locals manchmal aufbauten. Er hatte vor unserer Ankunft bereits die Anker gebohrt für eine längere, höhere Highline, von deren Mitte aus man weit über die größte Stadt des Mittleren Ostens schauen konnte. Um Schlafplatz und Essen sollten wir uns keine Gedanken machen. Gesagt, getan.

Es war wirklich ein irrer Anblick. Noch nie zuvor hatte ich gesehen, wie eine gigantische Großstadt – Teheran hatte knapp 9 Millionen Einwohner – so abrupt endete und ein Gebirge begann. Dabei waren die Berge natürlich ganz anders als unsere Alpen oder das Kaukasusgebirge weiter im Norden. Eher wüstenartig. Die Felsen waren braun bis orange-gelb und statt Wiesen, Wäldern und Grashügeln gab es hier Sand, riesige Schotterfelder und einzelne Sträucher und Büsche.

Direkt unter unserer geplanten Highline wand sich ein kleiner Fluss aus den Bergen in Richtung Stadt, an dessen Ufern einige Palmen wuchsen. Eine kleine Oase in der Wüste, nur 30 Minuten von den äußeren Wohngebieten der Metropole entfernt. Hier schlugen wir unser Lager auf. Wir waren ungefähr 15–20 Leute, darunter nur geringfügig mehr Jungs als Mädels.

Wie? Frauen slacklinen und highlinen im Iran? Oh ja! Das war etwas, was ich bald mit verblüffter Freude herausfand. In diesem so stark vom Islam geprägten Land gab es fast genauso viele Frauen auf den Lines wie Männer. Beim Highlinen überwogen zwar noch die Jungs, aber zumindest waren die Mädels schon dabei, tasteten sich an ihre ersten Himmelsbrücken heran und begannen, ihre Angst zu überwinden. Eine davon war die 19-jährige Raha, die auch jetzt dabei war und schon 50 Meter lange Highlines laufen konnte. Eine andere war die Mitte 20-jährige Reihane, die ich leider während meiner Reise nicht traf, von der ich aber gehört hatte, dass sie sogar schon kurze Highlines Free Solo gelaufen war. Man muss sich das einmal vorstellen: Weltweit gibt es weniger als fünf Frauen, die jemals eine Highline ohne Sicherung gelaufen sind, und eine davon ist aus dem Iran! Eine weitere talentierte iranische Slacklinerin, die mein Leben für immer verändert hat, sollte ich bald darauf kennenlernen.

Aber im Moment waren wir noch in unserer kleinen Oase unweit von Teheran. Die Mittagshitze knallte auf uns herab. Genau der richtige Zeitpunkt für einen heißen Tee mit Honig und Datteln. Wir wurden ständig von unseren iranischen Freunden versorgt. Es war ihnen das reinste Vergnügen, uns jede Minute zu versüßen. Gastfreundschaft wurde hier richtig gelebt.

Die Hitze konnte uns nicht lange aufhalten. Wir teilten uns in Teams auf und kletterten über die Geröllfelder nach oben, mit einer Tagline in der Hand, die bald über den Canyon und das Flussbett hing. Daran wollten wir eine 270 Meter lange Highline rüberziehen, nachdem Mahmoud noch Sashas und meine Meinung zu den von ihm etablierten Ankerpunkten hören wollte.

Irgendwie schafften es Sasha und ich erneut, uns über den Aufbau zu streiten. Heute verstehe ich nicht mehr, wie wir da reinrutschen konnten. Die reinste Zeit- und Energieverschwendung. Und irgendwie auch peinlich vor unseren neugewonnenen iranischen Freunden.

Aber mit so viel Liebe von den Locals kühlten sich trotz 30 °C im Schatten unsere Gemüter schnell wieder ab, und die Highline war aufgebaut. Die Iraner konnten es kaum erwarten, meine russischen Freunde und mich darüber laufen zu sehen und Fotos von diesen internationalen »Stars« zu machen, die in ihr Land gekommen waren ... Für sie waren 270 Meter eine ganz schöne Nummer, für uns mittlerweile ein Kinderspiel.

Sasha lief die Line auf Anhieb, Vova nach einigen Versuchen ebenfalls, ich steckte bereits beim Hinweg meine Hände in die Hosentaschen. Beim Rückweg gelang es mir beinahe, die komplette Strecke durchzulaufen, ohne meine Arme fürs Gleichgewicht zu benutzen. Das wäre wieder irgendein neuer Weltrekord gewesen. Eine gute Idee für später ...

Aber auch unter den Iranern gab es einen, der das Band auf Anhieb durchlaufen konnte und sogar ohne Pause mit Umdrehen wieder zurückbalancierte. Sein Name war Siavash. Er war 26 Jahre alt, ein topfitter Kletterer, von Beruf Gärtner und Landwirt. Sein Balancestil erinnerte mich an Julian Mittermaier, ein klares Zeichen für ein Talent.

Ich genoss den Ausblick über Teheran, auch wenn es eigentlich rein optisch kein so wahnsinnig schöner Anblick war. Die riesige Stadt war einfach nur imposant. Straßen, Grau und Wolkenkratzer so weit das Auge reichte, untermalt von Baustellen und Kränen für noch mehr Wolkenkratzer. Unter mir die Wüste und meine Freunde in der kleinen Palmenoase, von der schon die Rauchschwaden eines Lagerfeuers und der Duft von gegrilltem Safran-Hähnchen aufstiegen. Wir waren wahrhaft im Iran angekommen.

»Ohne Tief kein Hoch« – Alexander Schulz

Teheran ist gigantisch, und es dauert stundenlang, um raus in die Natur zu kommen. Deshalb trafen sich die meisten Slackliner regelmäßig im großen städtischen Laleh Park, um gemeinsam zu trainieren. Ich hatte keine Ahnung, dass ich ausgerechnet in diesem Park sowohl das schlechteste als auch das beste Erlebnis meiner gesamten Reise haben würde.

Zunächst einmal kamen wir dort so richtig mit der persischen Slackline-Community in Berührung. Dutzende Jungs und Mädels versammelten sich um über zehn Slacklines. Rodeolines, Tricklines, Longlines hingen kreuz und quer, Jonglierbälle, Stäbe, Frisbees und andere Flow-Spielzeuge flogen durch die Luft. Wieder wurde mir klar, wie ähnlich sich die Menschen auf der Welt doch alle sind, wenn man erstmal unter die Oberfläche von Religion und Kultur blickt. Alle wollen leben, singen, lachen, spielen. Auch hier im Iran. Vielleicht sogar besonders hier.

Unsere Ankunft hatte sich schnell rumgesprochen und bald mussten wir ein Selfie nach dem anderen über uns ergehen lassen. Die moderne Form des Autogramms. Mir machte es Spaß. Ich merkte, dass, sobald ich irgendeine Line betrat, es still um mich herum wurde und alle zuschauten. Das pushte mich natürlich. Ich surfte die Lines, jonglierte darauf, packte meine uralten Trickline-Skills wieder aus. Das inspirierte die Leute – und ich fühlte es.

Aber, was mir noch viel wichtiger war, waren die Gespräche. Manche konnten sehr gut Englisch, vor allem diejenigen, die studierten, andere dagegen kaum ein Wort. Aber wir verstanden uns alle prächtig. Berauscht von all diesen wundervollen Momenten, vergaß ich mich nach dem Slacklinen ein bisschen im Yoga und ging an meine Grenzen. Ich wollte sehen, wie nahe ich inzwischen an den Lotussitz kam. Und dann geschah es.

Ich hatte mich wohl nicht ausreichend aufgewärmt, war zu hektisch, zu abgelenkt von all den Eindrücken um mich herum. Ich drückte meine Knie mit den Händen nach unten, um mich in den vollen Lotussitz zu zwingen und hörte auf einmal ein lautes widerliches Knacken, gefolgt von einem stechenden Schmerz im linken Knie. Scheiße. Was hatte ich nur getan? Ich war zu weit gegangen.

Sofort versuchte ich, meine Beine wieder auszustrecken und zu entspannen. Ich fühlte mein Knie dick werden und pulsieren. Ich hatte es allen Ernstes geschafft, mich beim Yoga zu verletzen, und das nach all den Highline-Begehungen, dem Klettern, dem Bergsteigen, den Free Solos ... Wie dumm konnte man sein?

Ich ging auf keine Slackline mehr, saß nur noch bei den anderen, ruhte mich aus und erklärte denjenigen Kumpels, die mich auf meine gedrückte Stimmung ansprachen, was vorgefallen war.

Am nächsten Tag war es noch schlimmer. Ich humpelte. Der Gedanke war naheliegend, dass jetzt alles gelaufen wäre. Das war's mit dem Slackline-Trip durch den Iran. Keine Lust mehr. Alles für'n Arsch. Aber es brachte nichts. Ich hatte mich in meinem Leben schon unzählige Male verletzt und war jedes Mal unendlich sauer auf mich und die Welt gewesen. Habe den Sport verflucht, mich bemitleidet, vom Schicksal unfair behandelt gefühlt ... Aber Fakt ist:

Davon wurde es nie besser. Das einzige, was hilft, ist, das Beste aus der jeweiligen Situation zu machen. Daraus zu lernen und nach vorne zu blicken. Im Iran musste ich mich dazu nicht mal zwingen, da die Ablenkung von den miesen Gedanken und auch die Unterstützung der anderen Slackliner gigantisch waren.

Ich legte in Siavashs Bude erstmal einen Ruhetag ein, erledigte ein bisschen Arbeit am Handy und massierte meine Beine stundenlang, sodass mein Knie entlastet und besser durchblutet wurde. Es war definitiv nichts gebrochen. Später erfuhr ich, dass es ein Trauma des Wadenbeins war, bei dem einige Bänder und Muskeln zwischen Wadenbein und Kniegelenk angerissen und gezerrt waren.

Dank phänomenaler Gesellschaft hatte ich auch ohne Slacklinen Spaß. Ali, ein begeisterter Nachwuchs-Slackliner und professioneller Physiotherapeut, behandelte mich kostenlos. Er sagte, dass es ihm eine Ehre war. Ich konnte bald vorsichtig laufen und besorgte mir eine Bandage. Einen Tag später machten wir ein bisschen Sightseeing. Am übernächsten Tag war ich schon wieder im Park dabei, verzichtete allerdings noch auf Slacklinen, sondern jonglierte nur. Auch meine Freunde Sasha, Vova und Jaan, der mittlerweile aus Estland zu uns gestoßen war, hatten es nicht wahnsinnig eilig mit der nächsten Highline. Alle waren im Chill-Modus, was mir gelegen kam.

Wir lernten mehr und mehr Slackliner kennen, sahen verschiedene Ecken von Teheran und erlebten in Restaurants und Imbissbuden eine Geschmacksexplosion nach der anderen.

Slackline-Märchen aus Tausend und einer Nacht

In der Zwischenzeit organisierten Mahmoud, Siavash und Mehdi ein Highline-Meeting in der Bergregion Golestan, 800 Kilometer südlich von Teheran. Ihr Plan war, dort mit allen Slacklinern, die Lust hatten, eine Woche zu campen und zu highlinen. Wir sollten uns um nichts weiter kümmern, wir würden ihre Gäste sein.

Wir fuhren die Nacht durch. Es war eng, weil alle Autos komplett belegt waren, manche hatten Slacklinematerial oder Essen auf dem Schoß, und dennoch gelang es mir irgendwie, ein bisschen Schlaf zu finden. Wieder einmal fühlte ich tief in mir, dass ich diesen neu gewonnenen Freunden, obgleich ich sie erst eine Woche lang kannte, vertrauen konnte. Als ich nach etwa acht Stunden Autofahrt aufwachte, fuhren wir langsamer über Feldwege, umringt von Schafweiden und hügeligen Wäldern. Wieder ein krasser Gegensatz zu den verstopften Autobahnen in Teheran und der Wüste drum herum. Irgendwann parkten wir mitten im Wald.

»We are here, Freddy. Time to wake up«, sagte einer der Iraner zu mir, sichtlich erfreut. Meinen Namen »Friedi« konnte hier irgendwie niemand richtig aussprechen. Er wurde automatisch zu »Freddy«, was mich nicht weiter kümmerte.

Die Fahrer legten sich sogleich auf Isomatten direkt neben ihren Autos zum Schlafen, während wir anderen anfingen, die Umgebung zu erkunden. Siavash führte uns einige hundert Meter durch den Wald, bis wir auf eine Wiese kamen, die nach weiteren hundert Metern jäh abbrach und in einer senkrechten Felswand endete. Es war gigantisch. Ganz ähnlich wie in Südfrankreich. Ohne großartige Bergtour stand man auf einmal am Rand einer 200 Meter hohen

Klippe und konnte kilometerweit ins Tal hinabblicken. Und auch hier verlief die Klippe natürlich nicht kerzengerade sondern barg immer wieder u-förmige Einschnitte: Perfekt, um Highlines zu riggen.

Am Abend hingen drei 50–120 Meter lange Bänder, allesamt über 100 Meter hoch und mit herrlichem Ausblick. Beim Aufbau fanden wir fünf Slackliner aus dem Ausland uns in einer beratenden Rolle wieder und mussten auch hier kaum körperlich mithelfen. Die Iraner wollten uns zeigen, was sie drauf hatten, fragten uns aber dennoch bei fast jedem Schritt des Aufbaus nach unserer Meinung. Wir genossen es, uns nach der langen Reise und dem vielen Highline-Riggen der letzten Wochen endlich mal zurückzulehnen.

Wir wollten der Community ber natürlich so viel wir konnten zurückgeben. Nachdem anfangs einige von ihnen zugeschaut und mich dann gefragt hatten, ob sie mitmachen dürften, leitete ich bald vormittags ausführliche Yoga-Einheiten an, bei denen irgendwann über 50 Leute mitmachten. Und mit der Hilfe von Siavash als Übersetzer gab ich einige Male eine»theoretische Einführung in BIG Highlines«, erzählte also von den körperlichen und mentalen Herausforderungen beim Aufbau und Begehen von kilometerlangen Highlines, etwas wovon hier sicher schon manche träumten, wozu aber noch keiner die Erfahrung oder das Material hatte.

Ich sah es als meine Pflicht und irgendwie als eine Ehre an, so viel wie möglich von meinem Wissen an diese Leute weiterzugeben. Der Lehrer in mir kam durch. Der Slackline-Botschafter. Wie im Westen, so auch im Osten.

Anfänger wie auch fortgeschrittene Slackliner wussten meine Tipps zu schätzen. Die Anwesenheit internationaler Balance-Sportler wurde zelebriert und machte die jungen Perser stolz auf ihr kleines Festival. Und ich war jeden Tag einfach nur dankbar, dass ich hier sein durfte. Meinem Knie ging es schon viel besser, die Bandage trug ich nur noch zum Gehen im steilen Gelände, machte aber schon wieder Yoga und lief über Highlines.

Wie auch auf meinen Reisen durch Europa und Amerika war eines der großen Highlights die Stimmung am Lagerfeuer. Zum phänomenalen Essen kam jetzt noch phänomenale Musik hinzu. Es gab einige exotische Trommeln und ein Zupfinstrument, das ich noch nie zuvor gesehen hatte. Es ähnelte einem bayerischen Hackbrett. Und dann der Gesang. Wie vorher schon das Essen und die Gastfreundschaft traf er mich mitten ins Herz. Farsi ist eine wahnsinnig schöne Sprache. Honigsüß und weich, melodisch, poetisch – vor allem, wenn man den Inhalt nicht versteht. Es hört sich an, als würde jemand mit seinen Worten ein Gemälde in die Luft malen. Der Gesang am Lagerfeuer unter dem Sternenhimmel war wieder eine Reise für sich, nochmal in ein neues Land, eine neue Welt der Töne und Klänge. Perser singen, anders als Europäer oder Russen, nicht zusammen, sondern normalerweise einer nach dem anderen, auch hier wieder Frauen gleichermaßen wie Männer.

Tatsächlich sangen an diesem Abend sogar mehr Frauen, wobei ich nicht sagen kann, ob das Teil der Kultur war oder sich hier zufällig einfach mehr Mädels trauten oder Lust hatten. Die Menschen im Iran sind sehr gebildet, die persische Kultur ist eine der ältesten der Welt. Nicht wenige Kinder wachsen mit regelmäßigem Musikunterricht auf, schreiben Gedichte in der Schule, bekommen Tausende Jahre alte Geschichten vorgelesen. All dies fühlte ich sehr intensiv an jenen Abenden am Lagerfeuer.

Als am vierten Abend auf einer Lichtung weiter oberhalb unserer Lagerfeuerstelle, in Sichtweite der Highlines, ein DJ-Pult, Discokugeln und einige große, mit Dieselgeneratoren betriebene Lautsprecher aufgebaut wurden, war ich nicht mal mehr überrascht. Auch im Iran wollen junge Leute feiern und tanzen, das ist klar. Und mitten in der Natur, also fernab von misstrauischen Blicken älterer Generationen oder gar der islamischen Sittenpolizei Gascht-e Erschad tut man das natürlich umso ausgelassener. Der DJ spielte Techno- und House-Musik, später sogar meine Lieblingsmusik Psychedelic Trance. Jungs und Mädels machten den Waldboden zu ihrer Tanzfläche. Die Menschen sind in ihrer ganz grundlegenden Natur eben doch überall auf der Welt gleich. Wäre ich hierhin teleportiert worden, ohne zu wissen, wo ich war, hätte ich niemals gedacht, dass ich im Iran war.

Um mich herum verschwommen flackernde Lichter vom Lagerfeuer und von herumwirbelnden Feuer-Flow-Toys mit den künstlichen Lichtern der Disco-Schweinwerfer. Alles wurde reflektiert von der sich unter einem Baum drehenden Discokugel, durchwoben von den Schatten der Bäume, Zweige und Blätter. Es war ohne den Einfluss irgendwelcher Substanzen völlig berauschend. Überall drehten und wirbelten ekstatisch tanzende Körper umher, mit lachenden Gesichtern, teils geschlossenen Augen, langen Haaren … Ohne dass ich es bemerkt hatte, hatten fast alle Frauen unter den Slacklinern im Laufe des Abends ihr Hijab, ihr Kopftuch abgenommen. Einige trugen es zwar nach wie vor, tanzten aber nicht minder ausgelassen. Hier vertraute man sich gegenseitig. Man fühlte sich frei.

Es war nicht das erste und auch nicht das letzte Mal, dass ich merkte, wie viel mehr ich mit jungen Leuten aus den fernsten Ländern gemeinsam habe, die wie ich die Freiheit, die Natur und den Sport lieben, als mit vielen Menschen in Deutschland, die zwar meine Sprache sprechen, aber dennoch oft in einer völlig anderen Welt leben. Einer Welt aus Stress, Beton, Eintönigkeit und Angst.

»Primal is the answer to everything« – vielleicht mein Motto

Irgendwie entwickelte sich etwas, das eigentlich für mich selbst gedacht war, zu einer Art Geschenk für die iranischen Slackliner. Ich war highlinemäßig top im Training, aber in diesem Jahr noch nicht Free Solo gelaufen. Der Gedanke war oft da, die alte Sucht, aber es hat sich eben nie ergeben. Ich bin wirklich ganz eigen, was die Entscheidungsfindung angeht, wann ich die Sicherung ablege. Alles muss sich richtig anfühlen. Die Line muss es wert sein.

Hier hatte ich nun eine 75 Meter lange, etwa 200 Meter hohe Slackline mit wundervollem Ausblick, mitten in der Natur und vor allem ohne kräftezehrenden Zustieg. Beim Aufbau war ich selbst dabei gewesen, wusste also, dass ich dem Setup vertrauen konnte. Wind wehte hier auch keiner.

75 Meter ist lang für ein Free Solo, länger als mein erster Weltrekord am Hunlen Wasserfall. Seit meinem zweiten Free-Solo-Weltrekord von 110 Metern in Südfrankreich war ich nichts so langes gelaufen. Der Iran war unser letztes Land auf dieser Reise. Ich war in den Wochen davor etliche Kilometer auf verschiedensten Highlines gelaufen. Immer mit Sicherung und immer weit innerhalb meiner Komfortzone. Jetzt fühlte ich das Kribbeln wieder. Die Line rief nach mir. Obgleich es ein Festival war, war die Line die meiste Zeit frei

und potentielle Zuschauer wären immerhin mindestens 50 Meter weit von mir entfernt an der Klippe. Weit genug, dass ich sie hören konnte, aber zu weit, als dass sie mich ablenken würden. Vielleicht würde man auf diese Entfernung nicht mal erkennen, ob ich einen Gurt trug oder nicht. Alles in allem bewertete ich die Line und den Ort als solo-tauglich.

Daran änderte auch die Tatsache nichts, dass circa 50 Meter vom Abgrund entfernt der DJ schon mittags begann, seine elektronische Tanzmusik aufzulegen. Ganz im Gegenteil. Ich fühlte, wie sich alles fügte und sich ein überirdischer Moment anbahnte. Am Abend zuvor hatte ich den Sonnenuntergang gesehen, der sich direkt hinter der 75-Meter-Linie abspielte, und der war phänomenal. Das Wetter war perfekt.

Ich war am frühen Nachmittag des fünften Tages bestens eingelaufen, spürte die Verletzung an meinem Knie im Grunde nicht mehr und konnte sonnenklar sehen, was vor mir lag. Ich fragte den DJ, ob er mir einen riesigen Gefallen tun und genau zum Sonnenuntergang meinen Sound spielen könnte. Progressive Psy-Trance. Kraftvoll und doch meditativ. Geeignet um Menschen in höhere Sinneszustände zu befördern. Und trotz des elektronischen Ursprungs immer wieder passend zur Natur: minimalistische Rhythmen, ursprünglich, animalisch.

Ich vergewisserte mich, dass der DJ verstanden hatte, wie wichtig mir das war. Ich sagte ihm, dass es mein Traum war, zu dieser Musik durch den Sonnenuntergang zu balancieren, verriet ihm aber nichts davon, dass es Free Solo sein würde. Von dem Plan erzählte ich nur Sasha und Vova. Die beiden verstanden mich. Ich bat sie zum richtigen Zeitpunkt jeweils an einem der Ankerpunkte zu sitzen, um notfalls andere Menschen davon abzuhalten, zu nahe an die Line ranzugehen oder sie zu berühren. Die beiden Russen waren hartgesottene Kerle, denen diese Verantwortung nicht zu viel sein würde. Sie vertrauten mir, und ich vertraute ihnen, nach all dem, was wir in den letzten zwei Monaten zusammen durchgemacht hatten.

Als die Sonne sich schon dem Horizont näherte und die Bäume, Wiesen und Felsen im goldenen Licht der Abendsonne glänzten, machte ich meine letzte Vorbereitungsrunde, mit Gurt, in Zeitlupe und komplett im Moment. Bei jedem Schritt war ich völlig tiefenentspannt, wusste genau, wie die Line auf meine Bewegungen reagierte, was ich tun musste, wie ich meine Gedanken im Zaum behielt. Und wieder einmal kam ich am Ende der Line an, legte meinen Gurt ab und sagte zu Sasha, Aidan und Jaan, die am Ankerpunkt saßen: »*This is it.*«

Der DJ hatte angefangen, die Musik zu spielen, auf die ich gewartet hatte. Ich rutschte auf dem Hintern einige Meter auf dem Band raus und war wieder komplett auf mich allein gestellt, genau wie ich es wollte. Ich atmete aus und machte meinen Sitzstart.

Die ersten Schritte ging ich wieder fast in Zeitlupe. Man muss sich gerade zu Beginn eines Free Solos wirklich aktiv beruhigen, sich in die Line einfühlen, bloß nicht den Gedanken aufkommen lassen, »was wäre wenn...« oder »bring es möglichst schnell hinter dich ...«. Doch ich wurde nicht nervös. Ich funktionierte einfach nur. Das Training ging auf. Der Flow war da.

Ich fühlte mich federleicht, trug nur eine kurze Hose, ein T-Shirt und ein Cappy, das ich relativ tief ins Gesicht gezogen hatte, damit ich nur die Line und den 200 Meter tiefen Abgrund darunter wahrnehmen konnte. Völliger Tunnelblick. Andere Menschen existierten für mich nicht mehr. Auch der Anfang und das Ende der Line existierten nicht. Nur der nächste Schritt und meine gleichmäßige Atmung. Ich schwebte über die Mitte der Line, das andere Ende war schon nah. Ich konnte selber kaum glauben, wie leicht es mir fiel. Warum war ich nicht einmal zum Ende hin nervös, an der Stelle, die mir normalerweise so schwer fällt? Doch auch dort glitt ich drüber hinweg.

Als ich die letzten Schritte über den Abgrund machte und zwei Meter unter mir wieder Boden war, nahm ich zum ersten Mal Vova wahr, der neben dem Ankerpunkt, einem dicken Baum, saß und grinste.

»Nice job, dude«, sagte er und umarmte mich, als ich von der Line stieg.

Ich freute mich, blieb aber noch »in the zone«. Eine Hand ließ ich die ganze Zeit an der Line, ich war noch nicht fertig mit ihr. Das Timing ging auf. Als ich mich wieder auf die Line setzte, meine Arme und Beine ausschüttelte und mich geistig auf den Rückweg einstellte, drehte der DJ die Musik noch etwas lauter. Es war genau mein Sound. Ultra starker Bass, 140 Beats pro Minute, Trance-Musik, die einen von dieser Erde hoch ins All beamt. So ungefähr.

Ich winkte dem DJ zu und gab ihm einen Daumen hoch. Er konnte mich nicht während des ganzen Laufs gesehen haben, aber das Ende sicherlich. Er schien begeistert, applaudierte mir und tanzte, während er an den Reglern seines Pults rumdrehte. Mittlerweile hatten sich einige Menschen in 50 Meter Entfernung angesammelt, hatten sich die besten Plätze ausgesucht, um mir zuzuschauen, ein paar Meter hinter der Abrisskante. Ich hatte nichts angekündigt, das funktioniert mit Free Solo nicht, aber ich hatte definitiv bewusst in Kauf genommen, dass Leute zusehen würden. Die Line war einfach so gut sichtbar, außerdem waren drum herum die besten Plätze, um auf den Wiesenhügeln sitzend den Sonnenuntergang zu genießen. Nun denn, sollten die persischen Slackliner und auch die Locals aus den umliegenden Dörfern, die sich hier eingefunden hatten, eben einen Sonnenuntergang der Extraklasse zu sehen bekommen.

Ich atmete wieder tief aus und stand auf. Diesmal fiel es mir noch leichter. Ich hatte ab dem ersten Schritt ein Lächeln im Gesicht. Die Situation war perfekt. Mein Traum. Eine Grenzerfahrung, untermalt mit Musik, Natur und der Gewissheit, dass doch irgendwo auch Freunde dabei sind, die mir zur Seite stehen. Die Sonne stand nun unmittelbar über dem Horizont. Lange würde sie uns nicht mehr bleiben. Ich verlangsamte meine Schritte, was gerade bei einem Free Solo nicht immer einfach ist, da man normalerweise nicht länger als nötig in dieser absurden Situation bleiben will. In der Luft schwebend, mit nicht mehr als einem zweieinhalb Zentimeter schmalen Band unter den Füßen. Aber alles, was Überwindung kostet, was andere Menschen absurd finden, reizt mich umso mehr. Ich nahm die orange leuchtende Sonne in meiner peripheren Sicht wahr. Sie berührte jetzt den Horizont. Es war perfekt: Die Sonne stand horizontal in einem 45-Grad-Winkel zur Line. Sie blendete mich nicht, ich konnte sie aber dennoch beim Balancieren sehen. Ich ertappte mich bei dem Gedanken, wie irre das Ganze wohl vom Rand der Schlucht aus aussehen musste... Das Männchen, das ohne Sicherung durch den Sonnenuntergang balanciert. Ich wusste, vom richtigen Punkt aus würde es so aussehen, als schwebte ich mitten im gelben Feuerball.

Ich dachte nicht lange darüber nach, meine Aufmerksamkeit musste weiterhin jedem Schritt und den Bewegungen der Line gewidmet werden. Ich fühlte das Band unter meinen Füßen bewusst, fühlte meine Körperhaltung bewusst und atmete bewusst. In der Mitte der Line angekommen, war die Sonne schon ein Drittel hinterm Horizont verschwunden, der gesamte Himmel leuchtete in pink, das Farbenspiel war gigantisch. Das war mein Moment. Ich blieb stehen. Weiter tief und hörbar atmend drehte ich mich langsam und vorsichtig zur Seite, bis meine Füße symmetrisch 90° zur Line gedreht waren. Ich ließ meinen Blick langsam von der Line vor mir zur Seite schweifen, über den Abgrund, am weit entfernten Horizont entlang. Full Exposure. Jetzt sah ich nichts mehr von der Line, sondern nur noch den Abgrund unter mir und vor mir endlose Felsen, Hügel und Wälder, die am grau-grünen Horizont alle verschwammen und schließlich in die orange-pink leuchtende Sonne übergingen. Ich hob meine Arme über meinem Kopf zusammen wie bei einem Sonnengruß im Yoga. Ich bin nicht religiös, aber wohl kaum jemand würde diesen Moment nicht als spirituell bezeichnen. Es war für mich ein Moment größter Dankbarkeit.

Ich blieb im Exposure stehen und sah der Sonne zu, wie sie unterging. Ich minimierte meine Bewegungen, kontrollierte die Line nur noch mit dem geringsten Aufwand der Handgelenke, der Finger, entspannte fast alle meine Muskeln. Ich verlangsamte meinen Atem weiter mit jedem Zug. Als der Feuerball endlich verschwunden war, erwachte ich wie aus einer Art Trance, die Musik drang wieder mehr in mein Bewusstsein. Ich war natürlich die ganze Zeit wach gewesen, denn ich hielt ja meine Arme in der Luft, hielt mein Gleichgewicht auf der Slackline, aber dennoch hatte ich überhaupt nicht gemerkt, wie die Zeit vergangen war. Echter Flow. Schwer zu finden im modernen Leben.

Behutsam drehte ich mich wieder in Richtung der Line und begann, zurück zu balancieren. Ich wusste, ich musste vorsichtig sein. Es war wieder einer der Momente, in denen man sich vor seinem Ego in Acht nehmen muss. Wenn alles so gut funktioniert, dass man das Gefühl bekommt, nichts könnte einem etwas anhaben. Und so gab ich mir nochmal mehr Mühe, jeden Schritt perfekt zu setzen, alle Bewegungen der Line zu antizipieren, nicht zu schnell zu werden Richtung Ende, komplett bei der Sache zu bleiben, trotz des unglaublichen Erlebnisses, das hinter mir lag.

Doch das Erlebnis war noch nicht vorbei. Das fühlten auch meine Freunde, die die ganze Zeit völlig still blieben. Erst, als ich endlich die letzten Schritte im gefühlten Ultra-Zeitlupentempo hinter mich gebracht hatte und von der Line stieg, brachen sie in Jubel aus. Ich hatte es nicht bemerkt, aber viele der iranischen Slackliner hatten sich am Ankerpunkt versammelt. Ich ließ einen kurzen Glückschrei los, doch gleich im nächsten Moment fühlte ich mich seltsam, umringt von so vielen Leuten. Das war nicht der Sinn der Sache, auch wenn es das Ego natürlich beflügelte. Und täuschte ich mich oder hatten manche der iranischen Jungs und Mädchen sogar Freudentränen in den Augen? Aber wozu sollte ich es leugnen oder dagegen ankämpfen? Es war eine emotionale Angelegenheit. Es war nun einmal das höchste Gefühl, das ich kannte, und irgendwie war ein bisschen was davon auf die Leute übergeschwappt.

Ich ließ unzählige Umarmungen über mich ergehen, oder besser, ich genoss unzählige Umarmungen. »*Thank you, thank you so much, Freddy! Thank you so much for showing us true freedom, true fearlessness*« – »*God bless you*«, sagten auch einige ... Wirklich irre, so etwas hatte ich noch nie erlebt.

Doch ich beschloss, auf meinen eigenen Rat zu hören, den ich so oft anderen Slacklinern und Freunden in den verschiedensten Lebenssituationen gegeben hatte: »*Don't overthink it.*« Was geschehen war, war geschehen, und ich hätte auch nicht auf diese Begehung an diesem Ort verzichten können. Nun war es nicht nur mein eigenes Erlebnis, sondern etwas, das wir alle hier gemeinsam erlebt hatten. In meinen Reflektionen in den Tagen und Wochen darauf und während einiger tiefgründiger Gespräche mit meinen russischen und iranischen Freunden kam ich zu folgender Erkenntnis: Ich glaube, dass das Leben vieler junger Leute im Iran leider von Angst geprägt ist. Angst vor Inflation, Arbeitslosigkeit und Unterdrückung durch das Regime. Angst vor Militärinterventionen aus dem Ausland, Angst, nie die Welt sehen zu können, Angst, von der Welt da draußen vergessen zu werden... Vielleicht bilde ich mir das nur ein, aber kann es sein, dass ein Akt der völligen Freiheit von Angst, wenn auch nur so banal und im Grunde genommen sinnlos wie das Laufen einer Highline ohne Sicherung, ihnen Hoffnung gegeben hat? Kann es sein, dass ihnen mein Lauf frei von jeder Angst ein bisschen was von der eigenen Angst genommen hat?

Ich wünsche mir jedenfalls, dass es so war.

Homa

Zurück in Teheran war es mal wieder Zeit für ein großes Slackliner-Treffen im Laleh Park. Und so intensiv die Erfahrungen der vergangenen Woche auch waren, so war es doch hier in diesem Großstadtpark, dass ich eine Begegnung haben sollte, die mein Leben für immer verändern würde. Und zwar auf eine so wunderschöne Art und Weise, wie ich es mir früher nie hätte vorstellen können.

Nach einigen kurzen Slackline-Sessions war ich an jenem Tag eher stark auf Yoga fixiert. Meine Muskeln brauchten Dehnung nach all dem Highlinen und der langen Autofahrt. Da bemerkte ich eine junge Frau, die wohl Teil der Slackline-Community war, aber dennoch etwas abseits von allen anderen völlig konzentriert ihre Yoga-Übungen machte. Und was für Übungen das waren. Nachdem ich genauer hinsah, klappte mir wohl ein bisschen die Kinnlade runter. Die junge Dame vollbrachte mit einer Leichtigkeit und einem Lächeln im Gesicht eine perfekte Jump-Through-Vinyasa, eine Übung, die mir auch heute noch völlig unmöglich scheint. Ihre Füße schwebten im Lotussitz verschränkt zwischen ihren Armen. Sie zitterte kein bisschen im Stütz, nicht einmal im Handstand. Ich war fasziniert.

Natürlich trug sie ein Kopftuch, aber ich konnte sehen, dass sie schwarz-braune Haare hatte. Ich war so beeindruckt von der Yoga-Demonstration, dass ich beschloss, sie anzusprechen. Ich wartete, bis sie eine Pause machte, nahm mir ein Herz und ging rüber. Ihr Name war Homa. Später sagte sie mir, dass ihr Name eine Bedeutung hat, in Englisch etwa »Bird of Happiness«. Zurecht konnte ich da nur sagen.

Wir machten zusammen Yoga, sie kam zum Abendessen mit den anderen Slacklinern mit, und ehe wir uns versahen, hatten wir ein Date für den nächsten Tag ausgemacht. Und das, obwohl ich mir vor der Reise in den Iran so felsenfest vorgenommen hatte, dort die Frauen nicht einmal anzuschauen, mir alle romantischen Gedanken strengstens verboten hatte. Viel zu gefährlich wäre das, mit muslimischen Vätern und großen Brüdern, mit Messern und Scharia und wer weiß was ...

So hatte ich mir das vorher gedacht. Aber das Leben kümmert sich nicht die Bohne darum, was wir für Pläne machen. Homa und ich mussten uns einfach wiedersehen. Und nach vier Jahren teilweise qualvoller Fernbeziehung, geprägt von Corona-Reiseverboten, Visumsanträgen, Sehnsucht und Hoffnung, ist sie heute meine Frau und wir sind unendlich dankbar, dass wir damals im Laleh Park beide Lust auf Yoga hatten. Falls nun der eine oder die andere neugierig geworden ist, wie das zustande kam, so muss ich leider vertrösten. Diese Geschichte kann man unmöglich in wenigen Sätzen erzählt werden, vielleicht bekommt sie sogar eines Tages ihr eigenes Buch. Es sei nur so viel gesagt: Unsere Beziehung hatte ihre Höhen und Tiefen, und wir mussten härter darum kämpfen, uns wiederzusehen, als ich je bei einem Slackline-Weltrekord gekämpft habe. Aber es hat sich gelohnt. Wir teilen viele Leidenschaften, ergänzen uns aber auch. Homa ist gut im Meditieren, ich bin gut darin, mich zu verausgaben. Sie versteht es sehr gut zu fühlen, ich kalkuliere lieber. Wir halten gemeinsam die Balance im Leben wie auch auf der Human Anchored Slackline, die meine Familie mit bloßen Händen vor dem Rathaus, in dem wir geheiratet haben, für uns gespannt hatte. Oder auf der Hochzeit-Highline, die Homa im Brautkleid und mit Brautstrauß in der Hand für mich gelaufen ist. Wir haben zusammen viel durchgemacht und voneinander gelernt, und werden ganz sicher noch viel durchmachen und noch viel mehr voneinander lernen. Ich kann es kaum erwarten.

Aber das hier soll ein Buch über Slacklinen bleiben und nicht in eine Liebesgeschichte abdriften, die zu schreiben ich mir jetzt gar nicht zutraue. Aber vielleicht irgendwann einmal, zusammen mit meiner Liebsten, wenn wir viel Zeit übrig haben und vor einem Kaminfeuer an unsere jungen Jahre zurückdenken ...

Zeitsprung

In dem Moment, da ich diese Zeilen schreibe, sitze ich im Mai 2023 in einer Hängematte an der Wolfsschlucht, wo das Highlinen für mich seinen Anfang genommen hatte. Während Sasha, der mittlerweile aufgrund seiner Arbeit für die russische Opposition als politischer Flüchtling in Deutschland lebt, die 45-Meter-Line etliche Male hin- und herläuft, überquert Homa die 65 Meter tighte Freestyle Line daneben. Nach ihrer Session will ich ihr Folgendes sagen:

»*Darling, you've progressed a lot on the highline and are now ready for a very simple, game changing truth. There is no reason to fall. You either walk, or you give up. Try to get this into your head, try to really believe it. There is nothing that will make you fall, other than your own decision to stop fighting. The line will always move and never be completely calm. So don't ever try to stop it from moving. Just go with its movements and don't fall. Don't give up. And stop being scared of falling. It's that simple.*«

Abschied

Es war kein Wunder, dass ich die letzten zehn Tage im Iran fast ununterbrochen mit Homa verbracht habe. Mit einer Ausnahme.

Die Berge im Iran sind hoch, auch die unmittelbar nördlich von Teheran. Es war absurd: Um uns herum Wüste, Großstadt und ständiges Schwitzen, und doch gab es am nördlichen Stadtrand eine Gondel, die einen zu einem Skigebiet brachte! Allerdings erfuhr ich von Homa, dass das Skifahren auf 3.000 Höhenmetern eher den wohlhabenden Iranern vorbehalten war. Kein Breitensport wie bei uns.

Mahmoud hatte für die letzte Highline auf unserer Reise das Bandeh Ben Ski-und Wandergebiet rund um das schnuckelige Bergdorf Kemshak auserkoren. Doch dort, wo wir hoch wollten, gab es keine Gondeln. Mahmoud wusste, dass man mit dem Auto relativ weit hinauffahren konnte, und dann querfeldein und über Ziegenpfade locker auf 3.500 Meter Höhe kam, wo er zwischen den Felsen gutes Highline-Potential vermutete. Weiter oben thronte eine über 4.000 Meter hohe Gipfelkette, deren Namen niemand wusste, nicht einmal Google Earth. Vielleicht hat sie gar keinen Namen, weil es nur eine von vielen ist. Wieder erinnerten mich die Farben, Flora und Fauna an die Alpen, aber die Dimensionen waren ungleich größer. Es war somit genau das richtige Projekt für uns.

Wir hatten schon länger keine Highline mehr gemacht, für die man wirklich »arbeiten« musste. Ich hatte etwas Bedenken wegen meines Knies, aber mit Trekkingstöcken und langsamem Gehen war es kein Problem. Das Fibula-Trauma verheilte schneller als gedacht. So begaben wir uns für unsere letzten drei Tage im Iran noch mal in richtige Einsamkeit. Wobei das eigentlich nicht korrekt ist, wir waren ja ein Team aus zehn Leuten, unsere fünf plus Mahmoud plus vier weitere iranische Slackliner, darunter auch zwei Frauen.

Auf 3.000 Metern Höhe über dem Meeresspiegel bewegt man sich grundsätzlich schon mal langsamer, man spürt die dünne Luft. So kraxelten wir mit äußerster Vorsicht über Geröllfelder und durch steiles 3er-Gelände. Bald hatten wir einen Lagerplatz nahe eines kleinen Bachs gefunden, wo wir unsere Zelte aufbauten. Danach machten wir uns daran, das Gelände zu erkunden und nach potentiellen

Highline-Ankern zu suchen. Diesmal war es Jaan, der mit dem Laser in der Hand vorankletterte und die beste Line erspähte. Wieder einmal waren es ziemlich genau 300 Meter. Es war natürlich kein Zufall, dass wir immer Lines in dieser Länge aufbauten. Wir hatten auf der Reise nun einmal 350 Meter Band dabei und wollten dieses möglichst ausnutzen. Außerdem war es für viele Slackliner, wie auch Vova und Mahmoud, eine magische Marke, die sie noch knacken wollten. 300 Meter, das entspricht in vielen Ländern 1.000 Fuß. Eine gute Zahl.

Mittlerweile waren wir alle so eingespielt, dass der Aufbau klappte wie am Schnürchen, im wahrsten Sinne des Wortes. Mahmoud mit der Bohrmaschine fixierte erst die eine Seite, dann die andere, Jaan brachte mit der Drohne die Angelschnur. Ich fing sie auf und zog an der Angelschnur die Tagline rüber – danach an der Tagline die eigentliche Line mit Hilfe von Hossein, einem starken iranischen Slackliner, der früher Wrestling als Wettkampfsport betrieben hatte.

Dieses Mal war Jaan die Erstbegehung vergönnt. Es war nicht einfach, das Ding zu laufen. Wir spürten die Höhe und die Erschöpfung der letzten Wochen. Die anderen brauchten alle einige Versuche. Ich schaffte es mit Mühe und Not, beim ersten Versuch durchzulaufen, und danach reichte es mir schon. Ich wollte nur noch auf dem Felsen sitzen, meinen Freunden beim Balancieren zusehen, den Blick in die Ferne schweifen lassen und über unsere Erlebnisse nachdenken. Die Berge waren gigantisch, aber wahnsinnig friedlich und still. In der Ferne war nur ein kleiner Abschnitt der Bergstraße zu sehen und das Dorf, wo wir unsere Autos geparkt hatten, ungefähr 1.000 Höhenmeter unter uns. Dazwischen nichts als Grashänge, ein paar Ziegen und Felsen. Über uns der schneebedeckte Gipfel. Ein würdiger Ort, um diese Reise zu einem Ende kommen zu lassen. Hinter mir hörte ich bereits, wie Vova und die zwei Iranerinnen anfingen, ein kleines Lagerfeuer zu starten. So sollte es sein.

Als wir an unserem vorletzten Tag im Iran noch einmal die persischen Lieder am Lagerfeuer hörten, ein einfaches aber dennoch köstliches Abendmahl zu uns nahmen und alle irgendwie erschöpft und glücklich waren, liefen mir einige Tränen übers Gesicht. Ich wusste mit jeder Zelle meines Körpers, dass dies nicht meine letzte Reise in den Iran sein würde. Ich musste diese Menschen einfach wiedersehen. Allen voran meine Homa.

DER
NORDEN

Die längste Slackline der Welt

D ie längste Slackline der Welt war eine logistische Herausforderung, die alles zuvor Dagewesene überstieg, noch lange bevor es überhaupt an die Herausforderung des Balancierens ging.

Dazu ein paar Worte von unserem »Big Highline Daddy« David Sjöstrom, dem verrückten Schweden, der das Projekt organisiert hatte, und ganz nebenbei Kinderpsychologe und Vater von drei Töchtern ist: »Als ich mit dem Schweizer Highline-Helden Sam Volery in Südschweden an einem Lagerfeuer saß, hatten wir die Idee, einen großen Schritt in der Slackline-Geschichte zu wagen: Anstatt wie bisher üblich den bestehenden Rekord um wenige 100 Meter zu überbieten, wollten wir gleich mehr als einen Kilometer draufsetzen und ein 2.800 Meter langes Band aufbauen. Meine Aufgabe als bestenfalls mittelmäßiger Slackliner war es, den perfekten Spot zu finden und die Logistik zu organisieren. Aber war das zu schaffen? Wie riskant wäre es? Und wo findet man diesen ›perfekten Ort‹? Die Antwort lautet: Ausgerechnet auf der Halbinsel Senja, hoch oben im arktischen Kreise Norwegens. Über den Devil's Lake, einen kristallklaren Bergsee, umringt von steilen Klippen, die diesen zumindest in der Theorie vor Winden schützen sollten ... Während der Erkundungstour sah alles gut aus, aber beim eigentlichen Projekt hatten wir dann doch mehr Wind als erwartet. Das Wetter änderte sich oft unvorhersehbar, was den Aufbau sehr schwierig gestaltete, trotz der helfenden Hände von 30 Slacklinern aus aller Welt.

Zum Glück bekamen wir Unterkunft und Verpflegung im fantastischen Hamn i Senja gesponsert, wo wir uns immer abends austauschten und neue Kraft für den nächsten Tag sammelten. Wie es so ein schickes Hotel ertragen konnte, dass eine Truppe von Outdoor-Hippies ihnen auf der Nase rumtanzte, ist immer noch ein Rätsel. Als ›Organisator‹ des Projekts wurde ich mehrere Male ins Büro des Managers gerufen und freundlich darauf hingewiesen, dass wir nicht weiterhin Freunde ins Resort einladen könnten, um auf dem Boden zu schlafen, und dass wir unsere Taschen nicht mit Essen vom Frühstücksbüffet füllen könnten. Nicht *jeden Tag!*«

2.800 Meter. Das ist in etwa so lang wie eine durchschnittliche Start- und Landebahn für kommerzielle Flugzeuge. 27 Mal so lang wie ein Fußballfeld. 7 Mal so lang wie das längste Schiff der Welt. Und immerhin etwa 6 % eines Marathons. Nun muss man sich ein zweieinhalb Zentimeter schmales Band vorstellen, das sich über diese gesamte Distanz erstreckt, in über 100 Metern Höhe. Wie wäre es wohl, darüber zu balancieren? Es wäre eine Reise.

Aber wie bekommt man nun ein 2.800 Meter langes Band gespannt? Der in der Mitte gut zwei Kilometer breite See war für uns dabei gleichermaßen eine Herausforderung wie eine Hilfe.

Die Idee war, die Slackline mit einem Boot auf dem Wasser auszulegen und anschließend von beiden Seiten simultan zu spannen. Da dies einige Stunden dauern würde, mussten wir vorher eine entscheidende Idee von Mia in die Tat umsetzen: Die Line mit irgendwelchen Bojen vom Sinken abzuhalten. Es war ein ziemlich lustiger Anblick: Mia und Louise aus Frankreich, wie sie mit Bündeln von knapp 50 leeren Wasserflaschen beladen in ihren aus Mülltüten improvisierten Gummistiefeln durch den Sumpf zum Seeufer wateten. Es hatte die Atmosphäre eines alternativen Musikfestivals. Und es war bei weitem nicht der einzige solche Moment. Allein die Vielzahl an Sprachen, die einem hier tagtäglich um die Ohren schwirrten. Es waren Leute aus Deutschland, Österreich, Schweiz, Italien, Frankreich, Spanien, den Niederlanden, Dänemark, Schweden, Norwegen, Finnland, Kanada, Israel, Australien, Chile und Argentinien mit im Boot, und das nicht nur im übertragenen Sinne.

Rory aus Australien, Martin aus Norwegen und Louise aus Frankreich fuhren mit dem Motorboot, das sie von einem Fischer geliehen hatten, über den See. Dabei legten sie die alle 50 Meter mit Plastikflaschen-Bojen versehene Line auf dem Wasser aus, während David aus Schweden, Mia aus Kanada, Sam aus der Schweiz, ich und noch einige andere helfenden Hände die Line am Ufer unter genug Zug hielten, dass das Boot gerade noch vorwärts kam, die Line aber nicht zu schlaff wurde und sich in der Turbine verwickelte. Das Band wog insgesamt immerhin 250 Kilogramm! Man stelle sich nur das ununterbrochene multilinguale Walkie-Talkie-Gequatsche dabei vor – und die vielen Missverständnisse. So war es kein Wunder, dass es, als wir die zwei Kilometer Band endlich komplett auf dem See ausgelegt hatten, bereits dunkel wurde.

Dabei machten wir auch den ersten großen Fehler des Projekts. Wir entschieden uns, den zwei Kilometer langen Abschnitt der Line über Nacht zwischen einem temporären Anker am Ufer und dem tatsächlichen Far Anchor an der gegenüberliegenden 200 Meter hohen Wand zu befestigen. Mit einer guten Vorspannung und den Bojen sollte das Band dann genau dort bleiben, wo es war. Was war schon eine Nacht lang Wasserkontakt? Bestimmt würden wir am nächsten Tag genau da weitermachen können, wo wir aufgehört hatten. Von wegen.

Früh am nächsten Morgen stellten wir fest, dass der Wind und die daraus resultierende Strömung im See das Band über 500 Meter zur Seite ausgelenkt hatte, trotz einer Vorspannung von mindestens 3–4 Kilonewton! Und so breit war der See leider nicht. Die Line hatte sich in der Mitte an den Felsen des flachen Seeufers verfangen und war an mehreren Stellen fast komplett durchgescheuert. Also mussten wir mit dem Boot raus, alles rückgängig machen und von vorne beginnen.

Zum Glück hatten wir dank der ursprünglich angenommenen Distanz von drei Kilometern, genug Stücke von dem Y2K High-Tech Band dabei. Und beim zweiten Mal waren alle 30 Hippies schon besser eingespielt. Wir ersetzten die beschädigten Teile, bestückten sie mit unseren Plastik-Bojen, fuhren die Line rüber und Louise sprach ihren in der Slackline-Szene berühmten Satz »Connection is made!« mit dem französischsten Akzent, den man sich nur vorstellen kann.

Endlich konnten wir den vermaledeiten temporären Anker am Seeufer auflösen. Die Line war jetzt komplett da, wo sie hingehörte und wir begannen langsam mit dem simultanen Spannen auf beiden Seiten. Gleichzeitig fuhr unsere Bootscrew am Band entlang und entfernte Stück für Stück die Plastikflaschen. Die Line hatte nun genug Spannung, um nicht mehr zu sinken, und begann, sich an den Rändern des Sees schon langsam aus dem Wasser zu heben. Der Moment, als Rory sie ganz in der Mitte des Sees vom Boot aus nur noch mit einer Hand unten hielt, und sie kurz darauf losließ und Richtung Himmel schnellen ließ, war magisch. Von beiden Seiten des Sees ertönten laute Jubelschreie, wie wenn eine Fußballmannschaft ein Tor schießt. Wir waren unserem »Sieg« einen bedeutenden Schritt näher.

Als David und ich vom Seeufer zurücktrotteten, um der Crew am Anker oben beim Spannen zu helfen, sprachen wir darüber, wie viele Leute in unserem Team genau wussten, dass sie am Ende nicht diejenigen sein würden, die da drüber balancieren würden. Niemand machte sich Illusionen. Die wenigsten unter uns wären physisch in der Lage dazu, und genug Zeit würde uns auch nicht bleiben, um jedem einen Versuch zu gewähren. So viele talentierte junge Leute aus aller Welt hatten ihre Zeit und ihre Kraft investiert, sich selbstlos für das Projekt aufgeopfert, ohne eine echte Chance, die längste Slackline der Welt selbst zu überqueren. Dieser Schritt, oder viel mehr, diese Tausenden Schritte waren am Ende nur denjenigen vorbehalten, die am härtesten trainiert und damit die besten Chancen hatten, den Weltrekord zu schaffen. Einer von diesen vier Auserkorenen war, während wir uns unterhielten, mit dem Boot auf dem Weg zur anderen Seite, um von dort aus den Versuch einer Überquerung zum Home Anchor zu machen. Es war Sam Volery.

Er, Lukas, Quirin und ich hatten am Abend zuvor noch darüber diskutiert, was wir auf die Überquerung so einer langen Line alles mitnehmen sollten. Zu schwer sollte es nicht sein. Wasser, Energy Bar, Walkie-Talkie, eine 50 Meter Reepschnur. Unser Rettungsplan war: Ein Boot sollte sich unter der Line bereithalten, falls jemand nicht weiterkommen würde. An der Reepschnur könnten wir dann ein richtiges Kletterseil hochziehen, um uns ins Boot abzuseilen.

Aber wie realistisch war das? Ein Seil hochziehen und dich aus eigener Kraft abseilen, wenn du zu erschöpft zum Laufen oder gar verletzt bist? Wenn es zu windig ist, kann dann noch ein Boot in der Mitte eines großen Gebirgssees unter dir warten? Alles Fragen, deren Antworten wir nicht kannten, weil es eben noch niemand vor uns gemacht hatte.

Letzten Endes war uns klar: Jeder, der diese Line betritt, muss alles tun, um so schnell wie möglich aus eigenen Kräften auf die andere Seite zu kommen. »Self rescue« nannten wir das.

Sam war das bewusst, als er am frühen Nachmittag bei ungefähr sieben Kilonewton Spannung (äquivalent zu 700 Kilogramm) den ersten Versuch machte. Ich konnte nicht sehen, wie er loslief, wusste aber, dass er wahrscheinlich kaum sichtlich nervös war. Der 34-jährige Schweizer war schon immer einer der fröhlichsten Slackliner, die ich kannte. Es war für ihn purer Spaß.

Eine knappe Stunde später hörten wir durch das Walkie-Talkie von der Bootscrew, dass Sam immer noch nicht gefallen und jetzt kurz vor der Mitte war und die Line mehr Spannung brauchte. Sam drohte dem Wasser nahe zu kommen. Er war wohl nur noch fünf Meter über dem See. Wow. Das hatten wir so nicht kommen sehen. Die Line war neu und hatte sich wohl einfach noch massiv nachgedehnt. Der Dynamometer zeigte nur noch vier Kilonewton an. Wir legten also den Linegrip an und spannten so schnell es ging nach, um Sam die Chance zu geben über die Mitte zu balancieren. Gleichzeitig gingen wir so behutsam wie möglich vor, um ihn nicht mit ruckartigen Bewegungen runterzuschubsen.

Sam berichtete uns später, dass es ganz schön freakig war, wie er gerade eben noch knapp über dem Wasser balancierte und auf einmal binnen einer Minute zehn bis 20 Meter in die Höhe gehoben wurde. Ich kann mich nicht mehr an alle Details des Tages erinnern und brauchte zwischendurch auch mal eine Verschnaufpause vom Riggen, bekam aber wenige Zeit später mit, dass Sam irgendwo im letzten Drittel gefallen war. Er hatte wohl mit ziemlichen Windböen zu kämpfen gehabt. Aber heftig, immerhin auf den ersten Versuch über 2.000 Meter weit gelaufen. Ob ich das wohl auch schaffen würde?

Ein paar Stunden Tageslicht waren noch übrig, aber ich war hundemüde und es wehte ein leichter Wind über dem See. Das war nicht mehr mein Tag. Lukas wollte es dennoch versuchen, wohlwissend, dass wir vielleicht gar kein besseres Zeitfenster mehr bekommen würden. Aber er hätte es beinahe bereut. Kaum, dass er losgelaufen war, wurde der Wind stärker. Als er ungefähr in der Mitte war, stürmte und regnete es und er musste umkehren. Ich will nichts schönreden. Wir waren alle verdammt erleichtert, dass Lukas es lebendig von der Line runterschaffte, so wie sie vom Wind durchgerüttelt wurde.

»Alter bin ich froh, dass du so ein schneller Läufer bist. Lange hättest du nicht mehr auf der Line bleiben können«, sagte ich abends zu ihm.

»Ja, Speed ist alles«, antwortete er. »War eine geile Erfahrung, aber hart am Limit. Muss so nicht nochmal sein.«

»I'm glad you're alive, dude«, hörte Lukas nicht wenige Male an diesem Abend.

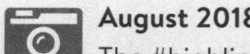

August 2018
The #highline3k project here in Norway has been mind-blowing in every sense so far.

I have rarely seen such beautiful, perfect, raw landscape. To be able to just see, let alone highline in such a location is a true privilege that I am incredibly grateful for. And then today we achieved something beautiful: after a failed first attempt due to strong winds, we managed to set up the longest slackline of all time in one day. @samuelvolery , who initiated this project, was inspired by this energy and went for a first crossing. Despite 4 days of hard rigging, he made it super far!!! He only fell 600m before the end! So we know this crazy distance is possible! I can't believe this is happening. Thank you so much to this incredible team of friends who made this possible! The last few days alone have already inspired me for life.

@lukasirmler is next, and then hopefully tomorrow if the wind gods allow it, @quirinherterich and I will give this line a shot. Wish us good luck

Unser vierter Weltrekordkandidat Quirin Herterich und ich hatten derweil eine schwere Entscheidung zu treffen. Die Wettervorhersage für den nächsten Morgen war perfekt. Blauer Himmel und kein Wind. Aber erfahrungsgemäß würde dieser im Laufe des Tages irgendwann kommen. Wer von uns sollte also zuerst auf die Line?

»Ich hab kein Problem damit, um vier Uhr morgens aufzustehen, Friedi. Ich bin um sechs Uhr am Anker und lauf die Line beim ersten Tageslicht los. Dann kannst du schön ausschlafen und hast nach mir noch massenhaft Zeit bis der Wind kommt«, sagte Quirin.

Ich gab mich geschlagen mit den Worten:»Ok, Alter, zieh's durch. Ich warte dann am anderen Anker auf dich, mit deinen Schuhen und Verpflegung, und lauf die Line von da aus zurück. Fliegender Wechsel. Aber schau, dass du nicht zu spät startest.«

Seitdem habe ich oft auf diese Entscheidung zurückgeblickt und mich gefragt, was wohl hätte sein können, wenn ich an Quirins Stelle den ersten Versuch des Tages gemacht hätte ...

Sein Crossing dauerte lange. Unfassbar lange. Insgesamt war er über dreieinhalb Stunden unterwegs. Was hatte der Typ nur für eine unfassbare Ausdauer, dass er es sich erlauben konnte, so langsam zu gehen. Ob das die richtige Strategie war? Er startete später als geplant, hatte aber immer noch perfekte Bedingungen. Null Wind.

Als Martin und ich gegen zehn Uhr vormittags den See überquerten, sahen wir Quirin ungefähr in der Mitte der Line. Wir fuhren einen großen Bogen, um ihn nicht abzulenken. Unser Abstand und die Dimensionen der Line ließen es wirken, als würde er stillstehen.

»He doesn't want to make any mistakes«, sagte Martin.

›Er will senden‹, dachte ich mir. Er hat den Weltrekord im Kopf. Ich wünschte es ihm, begann aber, mit Blick auf die Uhrzeit etwas nervös zu werden. Ich fühlte mich jetzt fit und konnte es kaum erwarten, der Line mein Bestes zu geben. Ich wollte verdammt nochmal auch so gute Wetterbedingungen haben!

Als wir am anderen Anker oben angekommen waren, war Quirin noch ungefähr 400 Meter von uns entfernt, doch selbst auf die Entfernung konnten wir sehen, dass er erschöpft war. Seine Arme ruderten immer wieder stark. Er war nun schon über drei Stunden unterwegs. Nicht zu genau hinschauen, dachte ich mir, sonst verhext du es ihm.

Ich machte meine Aufwärmübungen und stellte mich mental auf meinen Versuch ein. Ich wollte sofort, nachdem Quirin hier ankam, die Leash von ihm übernehmen und losstarten.

Da hörte ich auf einmal einen Schrei aus der Ferne und Martin sagte leise: »*Oh no.*«

Quirin war gefallen. Hatte er aufgegeben? War er an einer Connection gestolpert? Konnten seine Arme einfach nicht mehr? Er hatte die richtigen Bedingungen für einen Send gehabt. Vielleicht war sein Kopf für so viel Druck einfach noch nicht bereit gewesen. Eine halbe Stunde später kam er nach einigen weiteren Stürzen bei uns an, erschöpft, aber dennoch euphorisch, beinahe high. Ich umarmte ihn und klopfte ihm auf die Schultern, war aber in Gedanken schon bei meinem Versuch.

»Es ist einfach nur eine Line, Friedi. Man kann sie laufen. Es ist viel weniger scary als wir denken. Mach es einfach.«

Ok, dachte ich mir, aber ich will nicht denselben Fehler machen. Ich werde mir genug Kraft für das Ende der Line aufheben. Und beten, dass kein Wind kommt.

Das hieß, schnell, aber kraftsparend zu balancieren. Die ersten 100 Meter waren ziemlich wackelig, aber nach und nach lernte ich das Band besser kennen. Meine Muskeln wurden wärmer. Meine Gedanken beruhigten sich. Ich fand meine gleichmäßige Atmung, meinen Flow. Während durch die kleinen Kopfhörer in meinen Ohren ein monotoner, antreibender Psy-Trance-Beat tönte, atmete ich mich unablässig Schritt für Schritt in gleichmäßigem Tempo voran. Wenn es mal kurz schwierig wurde und ich drohte, nervös zu werden, zwang ich mich zu lächeln. Ich führte wieder meine Selbstgespräche wie früher: »Du bist gerade erst losgelaufen, genieß es, es gibt keinen Grund zu fallen, du kannst nicht fallen, aufgeben gibt's nicht, etc.«

Irgendwann, irgendwie, ohne es richtig zu merken, war ich über die Mitte, war anderthalb Kilometer gelaufen, war zwei Kilometer gelaufen. Ich traute mich das erste Mal zu glauben, dass ich es ohne Fallen schaffen könnte, dass ich ja vielleicht tatsächlich den Weltrekord machen würde, bei meinem ersten Versuch. Ich erinnerte mich unweigerlich an die Überquerung einer 1.600 Meter langen, sehr schwierigen Line in Südfrankreich, ein Jahr zuvor. Damals war ich trotz relativ guter Bedingungen 50 Meter vor dem Ende gefallen, haarscharf am Weltrekord vorbei und am Boden zerstört. Das wollte ich nicht nochmal erleben. Nein, daran wollte ich jetzt gar nicht denken. Mach jeden Schritt, als wäre es dein erster, sagte ich mir. Lass die Schwingungen der Line durch dich hindurch gleiten, mit minimalem Kraftaufwand und null Nervosität. Immer weiter, immer weiter ...

Aber dann veränderte sich plötzlich etwas um mich herum. Der Himmel wurde grauer, ich spürte die ersten leichten Windböen. Keine 5 Minuten später fing es an zu regnen und wurde kälter. Ich musste langsamer gehen, weil die Himmelsbrücke unter mir nun viel mehr wackelte, als während der vergangenen eineinhalb Stunden. Regen und Wind wurden mit jedem Meter, den ich hinter mich brachte, stärker. Noch bewegte ich mich vorwärts, aber meine Arme begannen zu rudern, ich war längst nicht mehr entspannt und zuversichtlich.

Dann kamen Kämpfe, die alles, was ich zuvor auf einer Slackline erlebt hatte, in den Schatten stellten. Mächtige Wellen gingen durch die Line, Bewegungen, die kein Slackliner selbst hätte hervorrufen können. Für einige Minuten, die sich anfühlten wie eine Ewigkeit, gelang es mir irgendwie, immer kurz vor dem Absturz, mich zurück Richtung Mitte zu werfen, nur um einen Sekundenbruchteil später auf der anderen Seite beinahe herunterzufallen. Windböen mit 60 km/h wollten mir wieder und wieder das winzige bisschen Boden unter meine Füßen wegreißen, wollten meinen letzten Funken Hoffnung auf den Slackline-Weltrekord vernichten. Es war, als würde ich mit dem Wetter selbst kämpfen. Und mir dämmerte bereits, wer der Stärkere war. Ich schrie aus aller Kehle, kämpfte um mein Gleichgewicht, als hinge mein Leben daran ...

Aber irgendwann reichte auch das nicht mehr.

Ich fiel.

Es dauerte nur einen Sekundenbruchteil, aber es kam mir vor wie eine Ewigkeit. Eben stand ich noch auf der Line und ruderte wie wild mit den Armen, im nächsten Moment hing ich in der Sicherung. Aber dazwischen hatte ich irgendwie alle Emotionen, die ich je auf einer langen Line erlebt hatte, noch einmal gefühlt. Jeden Erfolg und jedes Scheitern. Jedes um Haaresbreite am langersehnten Ziel vorbeischlittern. Es kam mir einfach zu bekannt vor. Es durfte doch nicht schon wieder so enden. Die Realität fühlte sich in diesem Moment wie eine harte, kalte, unnachgiebige Wand an, von der ich nicht verstand, warum sie vor mir stehen musste.

Selber hat man auf so langen Lines oft kaum eine Referenz für Bewegungen, weil die ganze feste Umgebung so weit weg von einem ist, aber Mia, die zu dem Zeitpunkt relativ direkt unter mir am Seeufer war, erzählte mir später, dass die Windböe, die mich schließlich zum Fallen gebracht hatte, mich mitsamt der Line mindestens 30 Meter zur Seite geweht hatte.

Ich machte ein kurzes Selfie-Video genau da, wo ich jetzt saß, in dem man mich kaum sprechen hört, weil der Wind so stark blies, man aber ahnen kann, dass das Wasser, das mir durchs Gesicht läuft, nicht nur vom Regen stammt. Dann versuchte ich die Line so schnell wie möglich zu Ende zu laufen. Nach weiteren vier oder fünf Stürzen und insgesamt zwei Stunden und zehn Minuten auf der längsten Slackline der Welt hatte ich wieder festen Boden unter den Füßen.

Diese Distanz wurde seitdem nie mehr aufgebaut. Heute frage ich mich immer noch oft, was gewesen wäre, wenn Quirin schneller über die Line gelaufen wäre, oder ich den ersten Versuch bei bestem Wetter gehabt hätte. Die längste Slackline der Welt, vielleicht mein Weltrekord, was wäre wenn ...? Aber jedes Mal enden diese Gedanken mit derselben logischen und für die Psyche gesündesten Schlussfolgerung: Warum soll man sich den Kopf über etwas zerbrechen, was man nicht ändern kann? Die Vergangenheit ist vorbei. Nicht mehr real. Den Blick nach vorne zu richten, ist das einzig Sinnvolle.

Dennoch, nach so viel Anstrengung noch einmal so knapp am Weltrekord vorbeizuschlittern, war niederschmetternd. Ich war gute 2.300 Meter weit balanciert, bevor mich der Wind abgeworfen hatte. Ich fühlte mich um die Begehung betrogen, fühlte mich unfair behandelt, von welchen höheren Mächten auch immer, die hinter dem Wetter steckten. Einen zweiten Versuch gab es weder für mich noch für meine Freunde, da das Wetter so schlecht wurde, dass wir aus Sicherheitsgründen das ganze Projekt abbrechen mussten.

Also eine Niederlage. Aber war es das wirklich?

Unserem Team war es gelungen, die längste Slackline aller Zeiten aufzubauen, und das in einer atemberaubend schönen, aber mehr als unwirtlichen Gegend. Ich hatte mein Bestes gegeben, war, bis der Wind zu stark wurde, schnell, aber sicher und ruhig gelaufen, hatte sogar richtig Spaß dabei. Das Lächeln, wurde mir später klar, war überhaupt kein bisschen erzwungen gewesen, sondern ich war wirklich glücklich auf der Line. Was für eine einzigartige Situation, was für ein Privileg, über die längste Slackline der Welt balancieren zu dürfen, was für ein wunderschönes Gefühl, körperlich dazu in der Lage zu sein, keine Angst mehr davor zu haben. Dafür sollte ich dankbar sein und bin es auch heute noch. Dass am Ende die Naturgewalt stärker war als wir Menschen, ist ja eigentlich das Normalste der Welt. Was zählt, ist die Erfahrung. Und wie wertvoll diese war, spürte ich in den darauffolgenden Jahren auf allen meinen Reisen und bei allen Herausforderungen. Und der wahre Pay-Off kam drei Jahre später in Schweden.

Die längsten Sekunden meines Lebens

D er Traum von der Zwei-Kilometer-Marke ließ uns nicht los und zog uns im Sommer 2021 wieder alle zusammen in den hohen Norden, allerdings dieses Mal nach Schweden.

Die Distanz sollte dieses Mal kürzer sein, wäre aber immer noch ein neuer Weltrekord: 2.130 Meter. Zugegebenermaßen waren wir noch ein Jahr zuvor, während unserer Erkundungsmission, eher eingeschüchtert von dem atemberaubenden Lapporten-Tal (deutsch: Tor zu Lappland). Die Landschaft dort ist karg und von Wind und Wetter gebeutelt Alles in Allem wohl einer der unpassendsten Orte, um eine Highline aufzubauen. Aber genau diese Herausforderung war es, die uns angetrieben hatte. Unser 15-köpfiges Team, aus dem fast alle auch bei der 2.300-Meter-Line auf Senja dabei gewesen waren, ließ nicht locker, trotz, oder vielleicht gerade wegen Pandemie und Lockdown, bis wir uns auf einen Zeitrahmen geeinigt und einen Hauch von Plan und Budget organisiert hatten. Als wir uns dann schließlich im Juli 2021 in Abisko trafen, ebenfalls im Kreis der Arktis gelegen, wurden unsere Motivation und Geduld endlich mit Glück belohnt: Über eine Woche lang war uns das Wetter wohlgesonnen. Kein Wind und kein Regen. Für ein über zwei Kilometer breites, 600 Meter hohes Gap so hoch im Norden ist das nahezu unvorstellbar!

Hinzu kam, dass wir dank der 24 Stunden Tageslicht des arktischen Sommers rund um die Uhr arbeiten konnten. Ryan Jenks aus den USA war mit von der Partie, und er und Quirin waren wie geschaffen füreinander. Die beiden Rigging-Nerds stürmten zur einen Seite der Schlucht voran, fanden binnen kürzester Zeit den passenden Anker, bohrten, knoteten und bauten, was das Zeug hielt, während der Rest des Teams ein zwei Kilometer langes Dyneema-Seil durch das ganze Tal auslegte. Quirin, der studierte Diplom-Ingenieur, hatte eine motorbetriebene Seilwinde auf eine Holzplatte gebaut und diese auf dem Felsen festgebohrt. Damit klappte das Rüberziehen der Slackline wie am Schnürchen, wenn man mal von einigen Schreckmomenten und verbrannten Händen absieht.

Als das Ding endlich hing, konnte Quirin es kaum erwarten, den ersten Versuch zu machen. Aber nach dem langen Aufbautag kam er nicht sehr weit. Bei seinem zweiten Versuch am darauffolgenden Tag lief er von Anfang bis Ende und holte sich damit den langersehnten Weltrekord. Endlich. Er hatte wirklich dafür gekämpft und zeigte das am Ende auch mit ein paar Freudentränen, Emotionen, die man sonst nicht oft bei ihm sieht. Doch er musste sich bald darauf den Weltrekord mit seinen Freunden und Mitstreitern teilen. Lukas war als nächster dran und schaffte die Strecke auf den ersten Versuch. Danach gelang es unserem guten Freund aus Dresden, Ruben Langer, die Line durchzulaufen, nachdem er sie davor schon einmal überquert hatte und 100 Meter vor dem Ende gefallen war. Eine Maschine!

Und zu guter Letzt war ich an der Reihe, lief bis zur Mitte und ließ mich dort runterfallen.

Das ist kein Scherz, aber natürlich eine starke Vereinfachung der Geschehnisse. Ein kleines bisschen weiter ausholen sollte ich wohl schon.

Nach all den Jahren, die ich durch die Lüfte balanciert bin, in Pendel-Seile von Klippen sprang und Freunden beim Basejumping zuschaute, musste ich mir den Traum des Fallschirmspringens einfach erfüllen. Und die Disziplin des Base Highlining, das war tatsächlich noch etwas völlig neues. Es gibt keine fünf Menschen weltweit, die je von einer hohen Slackline mit einem Fallschirm heruntergesprungen sind. Ich musste das einfach machen, ich konnte zuletzt an gar nichts anderes mehr denken. Aber natürlich kann man das nicht mal eben so abhaken, nur weil man halbwegs stabil auf dem Band steht. Es steckt wahnsinnig viel Vorbereitung dahinter.

In kurz: Ich machte im (Corona-)Sommer 2020 meine Skydiving-Ausbildung an einem kleinen Flugplatz in Deutschland und begab mich ein Jahr darauf – mit etwas weniger Sprüngen aus dem Flugzeug als empfohlen – an eine Brücke in Kroatien, um dort einen Basejumping-Kurs für Anfänger zu machen. Dieser unterschied sich eigentlich gar nicht so sehr von meinen Highline-Kursen. Die Lernkurve ist ähnlich. Das Körpergefühl und die Reaktionsgeschwindigkeit vom Slacklinen halfen mir beim freien Fall aus dem Himmel, der Umgang mit der Angst beim Sprung von der Brücke. Auch die vielen Ropejumps machten sich bezahlt, vom Umgang mit Seilen, Gurten und anderem lebensrettenden Material ganz zu schweigen. Natürlich machte ich den einen oder anderen Fehler, aber alles in allem lernte ich schnell, nicht zuletzt dank der wertvollen Guidance meiner Freunde Pablo, Niklas und Vova, die schon Tausende Basejumps unter dem Gürtel hatten mit Saltos, Wingsuits, Tracking Suits und von allen nur erdenklichen Objekten.

Im Sommer 2021 fühlte ich mich bereit für einen Highline-Basejump. Einigermaßen bereit. Ich war mir nicht ganz sicher. Aber ich hatte mein Base-Rig dabei, weil ich wusste, dass sich die Gelegenheit einer 600 Meter hohen Highline nicht alle Tage bieten würde. Vielleicht nie wieder. Vor dem Beginn des Projekts war mein Plan noch, mich einfach in der Mitte an die Arme zu hängen und fallen zu lassen, so wie ich es auch schon von der deutlich niedrigeren Brücke geübt hatte. Symmetrisch und kontrolliert. Da konnte nicht viel schiefgehen, immerhin war ich auch schon aus Flugzeugen in 800 Metern Höhe rausgesprungen, mit Schirmen, die deutlich langsamer aufgehen. Als ich dann aber während des Aufbaus den Ort mehr und mehr wahrnahm mit seinem flachen, moosbewachsenen und völlig hindernisfreien Talboden und einer absurden, gigantischen Menge an Luft unter der Line, da bohrte sich nach und nach der Gedanke immer tiefer in meinen Kopf, dass ich auch mit Fallschirm darauf balancieren wollte. Natürlich nicht die volle Distanz, aber zumindest ein paar Schritte. Und mich dann einfach fallen lassen. Ein direkter Übergang von der Balance auf der Slackline, zur Balance im freien Fall. *Echtes* Base-Highlining. Selbst jetzt spüre ich beim bloßen Gedanken daran, wie mein Herz schneller schlägt. Es ist die zweite Königsdisziplin, definitiv in einer Liga mit einem echten Free Solo, irgendwie aber auch etwas völlig anderes.

Fakt ist, dieser Stunt übte eine unwiderstehliche Faszination auf mich aus. Ungleich mehr als der Gedanke, die Line jetzt »normal« zu begehen, um damit hoffentlich meine drei Freunde beim Titel des neuen Slackline-Weltrekords zu joinen, wie es schon mehrmals passiert war. Klar, das wünschte ich mir definitiv auch, aber es musste jetzt hinten anstehen. Es wusste ja schließlich niemand genau, wie lange das Wetter halten würde und wie oft wir noch laufen könnten.

Am Morgen des fünften Tages war die Line frei, erstreckte sich kerzengerade 2.130 Meter weit durch die windstille, sommerlich-milde Luft vor mir und rief mich förmlich zu sich. Mein Schirm war gepackt und ich trotz einer Nacht voller Tageslicht ausgeschlafen. Nun bestand kein Zweifel mehr. Ich war bereit für meinen ersten Highline-Basejump.

Aufgeregt legte ich meinen Lightweight-Klettergurt an, darüber dann das Base-Rig, und band mich schließlich in die Leash ein. Ich ließ alles von David und Ryan dreifach checken. Sie wünschten mir »*Have fun and stay safe, buddy*«, und es konnte losgehen.

Ich rollte am Hangover ungefähr 50 Meter weit raus. Das Base-Gurtzeug hatte ich mir so bequem wie möglich angelegt, lose und eher suboptimal zum Springen, aber ich musste ja erstmal normal gesichert einen Kilometer weit balancieren. Und das ist gar nicht so einfach mit einem 8-kg-Rucksack auf dem Rücken. Der Körper-schwerpunkt verschiebt sich, die ganze körperfremde Masse schau-kelt sich mit den Schwingungen der Line auf, man kann bei weitem nicht so schnell und kraftsparend laufen, wie man es gewohnt ist.

Doch ich hatte in den Wochen zuvor auf einer 180 Meter Midline mit einem kleinen Rucksack voller Wasserflaschen geübt. Das zahlte sich nun aus. Hinzu kam, dass ich ja keinerlei »Send pressure« hatte. Ich wollte einfach nur halbwegs zügig zur Mitte kommen, egal, ob ich dabei fallen würde. Einfach war es trotzdem nicht. Ich musste einige Male so ruhig wie möglich stehenbleiben und meine Arme ausschütteln. Aber es klappte. Ich näherte mich stetig der Mitte und fiel nicht.

Mehr und mehr ließ ich die Exponiertheit des Spots auf mich wirken. Es war irre. Andy Lewis hat einst vom »*Orb of exposure*« gesprochen, einem Konzept dafür, wie ausgesetzt eine Highline ist. Das, was das Highlinen wirklich krass macht, ist nämlich nicht nur die Länge und Höhe, sondern der gesamte Abstand zu jeglichen festen Objekten um einen herum. Je größer man also eine völlig luftleere Sphäre um den Balancierenden zeichnen kann, desto intensiver das Gefühl der Losgelöstheit. In dieser Hinsicht toppte die Line wirklich alles bisher Dagewesene. Eine 17 Millimeter breite Brücke zwischen zwei Bergen, auf der nun ein kleines Männlein mit einem Fallschirm auf dem Rücken bis zur Mitte gelaufen war, sich hinsetzte und die Sicherung abnahm. Diese Line war mit 17 Millimeter besonders schmal, was bei ultralangen Lines zur weiteren Reduktion der Windanfälligkeit üblich ist.

Ich hatte alles, so gut es ging, durchdacht, hatte meine eigene Leash mitgebracht und einen entfernbaren Leash-Ring. Klar, ich wollte ja den Leuten nach mir ihren potentiellen Send nicht verderben, indem ich sie über einen kleinen Aluring an der Line stolpern ließ. Beides stopfte ich mir in meine Hose und zog die Schnallen an meinem Base-Rig so eng wie nötig. Ich winkte Jojos Drohne zu, die in ungefähr 15 Metern Entfernung neben mir in der Luft schwebte, bereit, das bevorstehende Ereignis so gut es geht einzufangen. Ich holte mein Handy raus und schickte eine Nachricht in den Gruppenchat des Projekts: »*I'm gonna jump in the next 10 minutes. Love you guys and see you later*«, mit einem Kuss-Smiley am Ende, um das ganze etwas aufzulockern.

Dann kontrollierte ich nochmal alle Gurte und Taschen, atmete ein letztes Mal tief und kraftvoll aus und stand auf. Das Gefühl war komplett surreal. Ich konnte es kaum fassen, wo ich war. Ungesichert, 600 Meter über dem Boden, mit einem Kilometer Band vor mir, einem Kilometer Band hinter mir und einem Fallschirm auf dem Rücken. Aber die Line war still. Ich hatte die Sache unter Kontrolle. Ich verkrampfte nicht, sondern atmete langsam aus und ging den ersten Schritt. Dann den nächsten. Unfassbar langsam und vorsichtig, aber doch bestimmt. So ging ich am Ende weiter als geplant, fast 50 Meter. Kurz vor der nächsten Connection blieb ich stehen und begann langsam, mich zur Seite zu drehen. Das Gefühl war göttlich. Ich lebte meinen Traum. Der Adrenalinpegel war genau da, wo er sein sollte. Mein Körper und Geist waren elektrisiert, wacher als je zuvor, und doch war da noch keine lähmende Angst, kein unnötige Anspannung, keine Panik. Der magische Bewusstseinszustand, den einem keine Substanz der Welt geben kann. Meine Meditation. Ich ließ den Blick durch das Tal schweifen, ein bisschen nach rechts, ein bisschen nach links. Irgendwo auf beiden Seiten verteilt waren meine Freunde, kleiner als Ameisen, aber ich glaubte, ein paar orange Punkte zu erkennen. Das mussten die Zelte sein. Links vor mir die Sonne auf halber Höhe im Himmel. Es war ungefähr 10 Uhr vormittags an einem der besten Tage meines Lebens.

Ich dachte an meine Freunde, meine Familie und meine geliebte Homa. Daran, wie unglaublich viel passiert war, seitdem ich mit 19 Jahren das erste Mal auf einer kleinen Slackline rumwackelte. Und daran, dass wirklich nichts unmöglich war. Ich kontrollierte ein allerletztes Mal, dass der Hilfsschirm am unteren Rücken unter dem Hauptschirm-Container gut zu greifen war, atmete aus und ließ mich nach vorne fallen. Die Zeit verlangsamte sich. Nein, eher meine Wahrnehmung und meine Gedanken beschleunigten sich immens.

Mein Körper bewegte sich keineswegs langsam durch die Luft. Im Gegenteil. Ich hatte einen Drehimpuls von der Line bekommen, überschlug mich und fing an Vorwärtssalto zu machen. Zwar hatte ich das vorher erwartet, da es nahezu unmöglich ist, von einer langen Slackline runterzukippen, ohne sich zu überschlagen, aber ich hatte es *deutlich* unterschätzt. So schnell hatte es mich noch nie kopfüber gedreht, auch nicht, als ich mit Absicht drei-, vier-, fünffache Vorwärtssaltos aus dem Flugzeug gemacht hatte. Das musste stoppen.

Als ich auf dem Band stand, hatte ich alles unter Kontrolle gehabt, nun taumelte ich, drohte, fast die Orientierung zu verlieren. Wo war unten, wo war oben? Wie viel Zeit war vergangen? Wahrscheinlich noch keine drei Sekunden, meine Gedanken rasten, aber sicher konnte ich es nicht sagen. Ich hatte mich vorher intensiv in die Beschleunigung im freien Fall eingelesen und wusste, dass 600 Meter ziemlich genau 15 Sekunden von Absprung bis zum Aufprall bedeuteten. Mit den zwei bis drei Sekunden, die es dauert, bis ein Base-Schirm sich vollständig geöffnet hat, wollte ich idealerweise nach sieben bis acht Sekunden stabil in der Luft liegen und meinen Hilfsschirm werfen, zehn Sekunden wären das absolute Limit.

Was mussten meine Freunde wohl denken, die das Ganze aus der Ferne oder auf Jojos Drohnenbildschirm live verfolgten? War bei ihnen auch die Zeit still gestanden? Ich hatte mich inzwischen drei oder vier Mal überschlagen und mich dabei auch sicher irgendwie mehrmals um die eigene Längsachse gedreht. Das musste doch irgendwann mal aufhören! Ich drückte meinen Bauch noch weiter runter. Maximaler »Arch«, wie bei den allerersten Fallschirmsprüngen, um stabil zu werden. Endlich fiel ich schnell genug, um den

Luftwiderstand zu nutzen. Ich hörte das Rauschen in meinen Ohren lauter und fühlte die Drehung, in der ich mich befand, langsamer werden.

In dem Sekundenbruchteil, als ich das nächste Mal Boden unter mir sah, griff ich ohne zu zögern zu meinem Hilfsschirm, fand ihn sofort und schleuderte ihn mit voller Wucht so weit es ging von mir weg. Ich ruderte noch ein bisschen mit den Armen und drehte mich wahrscheinlich in der horizontalen Ebene noch etwas weiter, schaffte es aber, den Boden im Blick zu behalten.

In diesen ein bis zwei Sekunden wusste ich, dass alles gut war. Ich hatte die Kontrolle zurück. Verdammt, was war das für ein geiles Gefühl.

Der Schirm öffnete sich ruckartig, meine Beine wurden herumgeschleudert, und auf einmal hing ich da und der freie Fall war vorbei. Eine harte Öffnung, doch nun glitt ich langsam durch die Luft, mit einem wunderschönen, prall mit Luft gefüllten, knallgelben Schirm über mir. Ich hatte einen 270°-Line-Twist, aber der war schnell gelöst, die Steuerleinen gegriffen, und schon drehte ich ein und flog auf einen besonders flach aussehenden Bereich des weiten, vereinzelt mit Felsen gesprenkelten Graslandes unter mir zu. Ich versuchte erst gar nicht, die Landung zu stehen, schließlich hatte ich nur meine super dünnen Slacklineschuhe an und wollte mir nicht im letzten Moment doch noch an einem unsichtbaren Stein die Füße verletzen. Schon gar nicht jetzt, wo ich eine vierstündige Wanderung in eben diesen dünnen Schuhen vor mir hatte. Also rollte ich mich ab und blieb bei der Gelegenheit gleich auf der Wiese liegen.

Wow. Ich hatte es getan. So fühlte sich also ein Base-Highline-Walk und Jump an. Ich blickte in den Himmel und musste einfach nur lachen. Auf den Videoaufnahmen sah ich später, dass ich tatsächlich nur sieben bis acht Sekunden im freien Fall gewesen war, und der Schirmflug fast 40 Sekunden gedauert hatte. Ich war also in der schier ewigen Zeit nicht einmal die Hälfte der gesamten Höhe gefallen. Schon irre, diese verzerrte Wahrnehmung der Zeit in unterschiedlichen Situationen. Ob Einstein wohl auch an solche Stunts gedacht hatte, als er seine Relativitätstheorie aufschrieb?

Da war auf einmal Jojos Drohne keine 10 Meter von mir entfernt. Meine Freunde waren mir quasi hinterhergeflogen, um zu sehen, ob alles gut war. Das war clever, denn hier unten gab es keinen Handyempfang. Ich setzte mich auf und winkte in Richtung des kleinen unbemannten Flugobjekts, musste wieder lachen und zuckte mit den Achseln. Im nächsten Moment stieg die Drohne drei Mal hintereinander kurz einen Meter höher und wieder runter. Lustig. Damit signalisierten sie mir wohl eine Art Nicken, ein Winken oder Daumen hoch.

Es war nur ein kleiner, clever zusammengebauter Haufen Plastik, Batterien und Computerchips, der da in der Luft schwebte, aber in diesem Moment gab er mir ein angenehm warmes Gefühl, nicht alleine zu sein. Nachdem er wieder weggeflogen war, blieb ich noch eine Weile lang liegen, bis sich mein Puls wieder beruhigt und ich einigermaßen verarbeitet hatte, was gerade passiert war. Und dann machte ich mich mit einem breiten Grinsen im Gesicht an den langen Aufstieg.

Worte von Quirin

»Insgeheim war ich etwas neidisch auf die neuen Möglichkeiten, die sich für Friedi mit dem Fallschirm ergaben. Als er letztendlich von der Slackline sprang, sah es für uns so aus, als würde er endlos fallen. Für einen kurzen Moment dachte ich, ich würde meinen Freund jetzt sterben sehen. Letztendlich war das hauptsächlich der Perspektive geschuldet, und der Sprung lief einigermaßen wie geplant ab. Langweilig wird es uns jedenfalls nie.«

✳ ✳ ✳

Am frühen Nachmittag kam ich gerade rechtzeitig auf dem westlichen Lapporten-Berg an, um David bei den letzten Metern seines Crossing zuzusehen. Unser »Big Highline Daddy« hatte es endlich geschafft, eine Weltrekord-Line ebenfalls zu überqueren. Er war bald nach meinem Sprung gestartet, insgesamt ungefähr 15 bis 20 Mal in die Leash gefallen, hatte sich jedes Mal lange ausgeruht, er hatte sogar einen kleinen Rucksack mit einem Trinksack auf dem Rücken. Wir umarmten uns und gratulierten uns gegenseitig zu dem »*Crazy shit you just did*«. Dann saßen wir stundenlang mit Ryan und Lukas auf dem Felsen und lachten, feierten mit Dosenravioli und sahen den Nächsten im Team bei ihren Sessions zu, während die Sonne über uns einfach nicht untergehen wollte. Und am nächsten Tag lief ich das Ding ebenfalls durch.

Ich will nicht sagen, dass es einfach war. Aber es war auch nicht allzu schwierig. Ich hatte die Line ja vorher bereits kennengelernt, ein gewisses Training gehabt, indem ich sie mit Schirm auf dem Rücken zur Mitte gelaufen war. Und ich war nach meinem Baseline Sprung gleichermaßen euphorisiert wie auch erleichtert. Ich hatte mein größtes Ziel erreicht und machte mir kaum Druck bei der Begehung. Ich wollte sie schaffen, wollte auch einer der vier werden, die den ersten Weltrekord über zwei Kilometer laufen, aber ich wusste, dass, selbst wenn ich scheitern würde, ich dennoch nicht traurig wieder heimfahren würde.

Die Bedingungen waren immer noch perfekt. Strahlender Sonnenschein, kaum Wind und ideale Line-Spannung. Ich balancierte wie immer anfangs langsam, in der Mitte schneller und zum Ende hin wieder langsamer. Ich merkte, wie das jahrelange Training auf langen Lines und der Umgang mit Druck mich routiniert gemacht hatten. Ich musste nichts tun, als mich auf meine Atmung und meine Körperhaltung zu konzentrieren und unablässig einen Schritt nach dem anderen zu machen, und zwar jeden, als wäre er der erste. Einfach nicht zu viel nachdenken, sondern balancieren. Das war das ganze Geheimnis. Natürlich gab es auch wackelige Momente, ich musste ein paar Mal ein bisschen kämpfen, war beim Steigen über die Verbindungen nervös, dass der Leashring hängen blieb, ich schwitzte und meine Schultern brannten. Aber mein Geist blieb die ganze Zeit über ruhig. Ich dachte etliche Male während meiner Begehung an Homa. Ich sah ihr Gesicht vor meinen Augen in Form einer lächelnden Sonne, die mir immer und immer wieder sagte: »Du kannst das. Ich weiß, dass du es kannst. Ich bin stolz auf dich.« Dieses Mantra aus dem Mund meiner Liebsten trug mich förmlich über die Line.

Als es auf den letzten 20 Meter steiler wurde, und ich immer langsamer und vorsichtiger ging, spürte ich den Druck der Ziellinie, doch ließ mich davon nicht beirren. Ich wünschte sogar, die Line wäre länger gewesen! Ich hatte das Gefühl, noch ewig weiterlaufen zu können.

Bei den letzten Schritten nahm ich zum ersten Mal den Ankerpunkt und das Camp auf dieser Seite wahr, da wir uns bereits beim Zustieg in zwei Gruppen aufgeteilt hatten, eine pro Berg. Es war ein flaches Felsplateau auf dem Gipfel des östlichen Lapportenberges, wo mich nun Freunde erwarteten, die ich in den letzten Tagen gar nicht gesehen hatte. Unter anderem auch Quirin, der inzwischen seine Schuhe und Schlafsack mit David getauscht hatte, nachdem die beiden in unterschiedliche Richtungen über die Line gelaufen waren. Immer wieder lustig, die Big Highline Logistik. Ich war längst über die Kante, wollte aber ungefähr einen Meter hoch über dem Felsen noch die letzten Schritte bis zum A-Frame balancieren, an dem die Line endete. Als ich mich endlich hinsetzte, konnte ich mit der ausgestreckten Hand den Weblock berühren. Sauberer ging es nicht. Ich war in einer Stunde und 21 Minuten über die Line gelaufen und damit der Zweitschnellste nach Lukas. Und vor allem war ich dabei die ganze Zeit über zuversichtlich gewesen, dass ich es schaffen würde, frei von Zweifeln und Angst.

Als mich einen Moment später Quirin, Martin, und die anderen umarmten, fühlte ich mich komplett.

Vier Himmelsstürmer, vier Freunde hatten endlich die Zwei-Kilometer-Marke im Slacklinen geknackt. Unser Team hatte mit vereinten Kräften den lang ersehnten Weltrekord nach Hause geholt und eine Revanche für die gescheiterte Line in Norwegen bekommen. Mein jahrelanger Traum eines Base Highline Walks war wahr geworden, emotional für mich definitiv in einer Liga mit meinen größten Free Solos. Und das alles nicht auf irgendeiner Line. Lapporten ist bis heute mein dritter Favorit unter den schönsten Highlines, die ich je gelaufen bin – neben Eichorn Pinnacle und Moscow City.

Ein guter Zeitpunkt, um sich zur Ruhe zu setzen und die Slackline-Karriere ausklingen zu lassen?

Mal sehen.

Meine Mitte

Wie die Zeit dahinrast – das denke ich manchmal, wenn ich jetzt Homa oder meiner inzwischen ebenfalls slackline-süchtigen Schwester Lulu dabei zuschaue, wie sie sich über 100 Meter lange Highlines kämpfen. Es erfüllt mich mit Stolz und macht mir mindestens genauso viel Spaß, wie damals selbst meine ersten Schluchten zu überqueren. Oder wenn ich bei Wettkämpfen als Moderator dabei bin, so wie erst gerade eben, drei Tage bevor ich diese Zeilen schreibe, beim Red Bull Slack Warrior in Estland. Unfassbar talentierte und ebenso liebenswerte junge Menschen aus aller Welt schnellen von der Line in ungeahnte Höhen, drehen und schrauben dabei, als gäbe es keine Schwerkraft. Wann habe ich meine ersten Tricks auf dem schmalen Band probiert – war es nicht erst gestern?

Bei solchen Gelegenheiten spüre ich auch, wie viel Potential noch im Slacklife steckt, was noch alles möglich ist, weltweit. Unsere Träume sind noch lange nicht ausgereizt, weder auf bodennaher Trickline noch auf luftiger Highline. Es gibt noch viele Länder, die beslackt werden wollen, es gibt jede Menge Gipfel, die verbunden werden wollen, graue Städte, die mit unseren Bändern verziert werden könnten.

Auch mein Kompass hat bisher nicht in jede Himmelsrichtung gezeigt, da gibt es schon noch ein paar Abgründe auf diesem Planeten, die nach mir rufen. Meine Freunde und ich, wir können einfach nicht stillsitzen.

Das Team aus Norwegen und Schweden ist gerade in der Planung einer noch längeren, noch höheren und ganz bestimmt BASE-highline tauglichen Line, wieder an einem völlig surrealen Ort. Und auch mein Traum einer echten Himmels-Highline, nämlich zwischen zwei Heißluftballoonen, beginnt am Horizont Gestalt anzunehmen. Mein abenteuerliches Leben wird also weitergehen, anders als bisher, aber immer noch getreu dem Motto: Aus jedem Tag das Beste machen, alles rausholen aus dem Moment, was drin ist an Freude, an Glück, an Erfüllung. Schmerzen, Stress, Verzweiflung, Niederlagen, Erschöpfung – dies alles dient nur dazu, das Schöne tiefer zu empfinden, und es verblastn auch mit der Zeit. Gut so.

Dieses Buch ist nicht zuletzt mein Versuch, der Slackline-Welt Tribut zu zollen und meine ganze Dankbarkeit auszudrücken, für die Abenteuer, die unvergesslichen Momente, die Lektionen fürs Leben. Dabei waren die Geschichten, die ich hier erzählt habe, nur eine kleine Auswahl, die mir wahrlich nicht leicht gefallen ist. Es ist noch so viel passiert, für das ein Buch alleine nicht ausreicht. Unerwähnte Reisen, sogar Weltrekorde.

Im September 2018 bin ich mit 1.900 Metern Länge schon mal einen Slackline-Weltrekord gelaufen, in Quebec, Kanada. Viele »kleinere« Rekorde, wie zum Beispiel den urbanen Highline-Weltrekord über das Münchner Olympiastadion im Jahr 2016, habe ich ausgelassen. Der Fairness halber sollte ich auch erwähnen, dass unser Weltrekord von 2.100 Metern Länge letzten Sommer in Frankreich gebrochen wurde und jetzt bei 2.700 Metern liegt. Dieses Mal war ich nicht dabei, dafür Mia Noblet und sieben weitere junge Himmelsstürmer.

Ein Zeichen, dass sich der Sport immer noch massiv weiterentwickelt. Und sogar mein zweiter Free-Solo-Weltrekord, den ich mit 110 Metern Länge und 200 Metern Höhe im Herbst 2017, kurz nach dem Ende meines Studiums in Südfrankreich, aufgestellt habe, hat es hier nicht rein geschafft. Und das, obwohl es als weltweit erste Free-Solo-Begehung oberhalb der 100-Meter-Marke vielleicht meine größte Errungenschaft im Slacklinen überhaupt war – und zweifellos die Erfüllung eines persönlichen Traums.

Aber irgendwie hat es sich beim Schreiben nicht ergeben und ich wollte auch nicht, dass sich etwas in diesem Buch wiederholt. Stattdessen habe ich gemerkt und akzeptiert, dass ich immer wieder vom Slacklinesport selbst wegdrifte hin zu Gedanken und Gefühlen, die größer sind als dieses schmale Band, das ich so sehr liebe. Allem voran die Erkenntnis, dass wir alle, die wir Teil dieser wunderbaren, verrückten Welt sind, die gleichen Wünsche, Träume und Ängste haben, ungeachtet unserer Nationalität, Kultur oder Hautfarbe. Dass physische sowie mentale Grenzen überwunden werden können, wenn wir uns nicht von unserer Angst zurückhalten lassen. Freiheit und Gleichgewicht mögen Zustände sein, die nie zu 100 % erreicht werden können. Aber im stetigen Streben danach habe ich Erfüllung gefunden. Und vielleicht wirst du es auch.

Danke

Ich danke allen, die mir beim Buch geholfen haben, insbesondere Edda, Nils und Didi sowie den vielen genialen Fotografen, allen voran Vale, Aidan und Johannes.

Ich danke meinen Freunden für die unvergesslichen Abenteuer. Ihr wisst, wer ihr seid.

Ich danke der Slackline-Community weltweit für die viele Inspiration, Offenheit und Gastfreundschaft.

Ich danke zu guter Letzt und von ganzem Herzen meinen Eltern, meiner Familie und meinem Schatz Homa für eure Liebe und euer Verständnis.

Glossar

A-Frame A-förmiger Rahmen, mit dem man die ▸Slackline umlenken oder auf eine gewünschte Höhe bringen kann, meist aus Holz

Achterknoten Standard-Sicherungsknoten beim Klettern und Highlinen, hat die Form einer Acht

BASE, Basejump Fallschirmspringen von festen Objekten, B.A.S.E. steht für Building, Antenna, Span, Earth, die vier Kategorien für springbare Objekte

Back bounce Trick, bei dem man sich auf einer ▸Slackline auf den Rücken fallen und wieder hochfedern lässt

Backup Hintersicherungsleine für ▸Highlines; meist ein zweites Slackline-Band oder ein Seil, welches separat von der Hauptleine verankert ist und alle paar Meter mit der ▸Mainline zusammengeklebt oder vernäht ist

Barrel-roll ▸Bouncetrick, bei dem man mit den Händen die Line greift und einmal um diese rotiert, ohne dass die Füße das Band verlassen. Sieht aus wie eine schiefe ▸Yoda-Roll

Bolt Bohrhaken

Bouncen Eine ▸Slackline hoch- und runterfedern

Bowline/Bulin Sicherungsknoten beim Klettern und Highlinen; Alternative zum ▸Achterknoten, lässt sich leichter wieder öffnen

Butt bounce Trick, bei dem man sich auf einer ▸Slackline auf den Hintern fallen und wieder hochfedern lässt

Catchen Sich an der ▸Slackline fangen, um einen Sturz in die ▸Leash zu vermeiden, oft mit Händen und Beinen; beim ▸Free Solo die letzte Rettung

Chest bounce   Trick, bei dem man sich auf einer ▶Slackline auf den Bauch und die Brust fallen und wieder hochfedern lässt

Chongo-Mount   Aufstehtechnik, besonders beliebt bei Highlinern, weil man mit einem von der Line hängenden Bein mehr Kontrolle hat; Alternative zum Sitzstart, benannt nach »Chongo Chuck«, einem legendären amerikanischen Slackliner und Landstreicher der ersten Stunde, der lange Zeit im Yosemite Park gewohnt hat.

Connection   Verbindung zwischen einzelnen Segmenten einer langen ▶Highline. Hier ist in der Regel das ▶Backup mit der ▶Mainline verbunden, um im Falle eines Mainline-Versagens geringere Sturzhöhe zu haben

Containern   Essen aus Supermarkt-Mülltonnen stibitzen

Crossing   Überquerung einer ▶Slackline/Highline, gegebenenfalls mit Stürzen oder Pausen. Ein Crossing ohne Fallen wird zu einem ▶Send.

Double Fisherman   Doppelter Spierenstich; Knoten, um zwei Seile miteinander zu verbinden.

Dynamic Tricks   Slackline-Tricks mit viel Bewegung, z. B. ▶Butt-Bounce, ▶Yoda-Roll

Dynamo   Kraftmesszelle, gibt an, wie viel Last auf einem gespannten System ist

Dyneema   Ultraleichte, sehr reißfeste Kunstfaser. Dyneema-Slackline-Bänder werden wegen ihres geringen Gewichts und ihrer hohen Bruchlast meist für sehr große Distanzen verwendet, sind aber dafür rutschiger und scharfkantiger als reguläre ▶Polyester- oder ▶Nylon-Slackline-Bänder.

Exposure   Ausgesetztheit, Exponiertheit

Exposure turn   Sich auf einer ►Slackline, in der Regel ►Highline, zur Seite drehen und die volle Ausgesetztheit genießen, bzw. sich dazu überwinden, in den Abgrund, ins Nichts zu blicken. Vor allem für Highline-Anfänger eine große Herausforderung.

First Ascend   Erstbegehung

Free Solo   Highlinen oder Klettern ohne Sicherung.

Full Man   Begehung einer ►Slackline oder ►Highline in beide Richtungen

Grigri   Abseil-,bzw Sicherungsgerät aus dem Sportkletterbereich

Halbseil   Sehr leichtes Kletterseil, welches man normalerweise nur im Doppelstrang verwendet

Half Man   Begehung einer ►Slackline oder ►Highline in nur eine Richtung

Hand held   ►Basejumping-Technik für niedrigere Sprünge, bei der man den ►Hilfsschirm beim Absprung bereits in der Hand hält und nach wenigen Sekunden schon in den relativen Wind wirft, um eine schnelle Öffnung des ►Hauptschirms zu erzielen.

Hangover   Karabiner mit einer 2,5 cm breiten Rolle, um daran über die ►Highline zu gleiten.»Hangovern« ist die Alternative, eine Highline zu überqueren, wenn das Balancieren nicht klappt.

Hauptschirm   Flächenfallschirm, der beim Fallschirmspringen bzw. ►Basejumping den Fall bremst. Wird von dem deutlich kleineren ►Hilfsschirm aus dem Container am Rücken des Springers herausgezogen und füllt sich mit Luft.

High-tech webbing   Ultraleichtes Slackline-Band mit wenig Dehnung und hoher Bruchlast. In der Regel ►Dyneema oder Vectran. Kommt vor allem bei besonders langen ►Slacklines zum Einsatz.

Highline ▸Slackline, die so hoch ist, dass ein Absturz zu schweren Verletzungen oder gar zum Tod führen würde. In der Regel spricht man ab etwa 10 Metern Höhe von einer Highline.

Hilfsschirm Kleiner Schirm, der vom Fallschirmspringer in den relativen Wind geworfen wird, um den mit einer Leine damit verbundenen Hauptschirm aus dem Container zu ziehen.

Leash Sicherung beim Highlinen. In der Regel ein 1–2 m langes Seilstück (Kletterseil oder vergleichbar starkes Seil). Wird mit ▸Achterknoten oder Bulin auf der einen Seite mit dem ▸Leashring und auf der anderen mit dem Gurt des Highliners verbunden.

Leashring Sicherungsring beim Highlinen. Stahl- oder Aluminiumring von ca. fünf Zentimeter Durchmesser. In der Regel benutzt man zwei davon, welche mit Klebeband aneinandergeklebt werden. Vor dem Spannen einer ▸Highline fädelt man die ▸Mainline und das ▸Backup durch diese Ringe. Beim Balancieren rutscht die ▸Leash so immer mit dem Slackliner mit.

Line-Twist Verdrehung der Leinen, die den Hauptschirm mit dem Gurtzeug eines Fallschirmspringers verbinden.

Longline Lange Slackline in relativer Bodennähe, in der Regel ab circa 30 Metern Länge, wurde aber nie genau definiert.

Lose Locker, wenig gespannt

Mainline Haupt-Slackline beim Highlinen; dasjenige Band, welches gespannt wird und auf dem man balanciert

Midline Eine ▸Slackline, die in der Regel hoch genug ist, dass man sie mit Sicherung läuft, aber eventuell nicht die Bezeichnung einer ▸Highline verdient. Darunter fallen oft Slacklines von fünf bis zehn Metern Höhe oder solche, die nur wenig exponiert sind, sich nicht »wie eine Highline anfühlen«.

Multi pitch   Mehrseillängentour beim Klettern. Kletterroute, die so lang ist, dass man sie nicht an einem Seil durchklettern kann, sondern an mehreren sogenannten Standplätzen Pause machen muss.

Munter Hitch   Halbmastwurf; Abseilknoten, mit dessen Hilfe man sich nur mit einem einzigen Karabiner abseilen bzw. unter Spannung stehende Seile ablassen kann.

No-Fall-Zone   Bereich am Anfang und Ende einer ▶Highline, in dem der ▶Leashfall zu einer Kollision mit der Wand oder Objekten darunter führen kann, oft, weil Highlines an den Rändern niedriger sind als in der Mitte. Wird bei der Begehung einer Highline meistens ausgelassen, um kein zu großes Risiko einzugehen.

Nylon   Polyamid; Kunstfaser für ▶Slacklines mit besonders hoher Dehnung. In der Regel werden kürzere ▶Highlines und sogenannte Freestyle-Highlines mit Nylonbändern aufgebaut.

Off level   Wenn bei einer ▶Highline ein Anker höher ist als der andere und der Slackliner deshalb bergauf bzw. bergab balancieren muss.

On Sight   Begehung einer ▶Slackline oder Kletterroute auf den ersten Versuch

Padding   Schutzmaterial für ▶Slacklines, Seile, oder Ankerschlingen gegen Abrieb und scharfe Kanten

PCA   Pilot Chute Assist; ▶Basejumping-Technik, bei der jemand hinter dem Springer steht und dessen ▶Hilfsschirm und Hilfsschirmverbindungsleine in der Hand hält, damit der ▶Hauptschirm unmittelbar nach dem Absprung aus dem Container gezogen wird. Wird in der Regel bei besonders niedrigen Basejumps und bei Anfängern angewandt.

Personal anchor   Kurzes Seilstück oder Bandschlinge, mit dem sich ein Kletterer oder ►Rigger sichert

Pitch   Seillänge, Teil einer Mehrseillängen-Kletterroute

Polyamid   Nylon

Polyester   Kunstfaser, aus der die meisten Slackline-Bänder bestehen. Wird in der Regel für Anfänger-Slacklines, Longlines, ►Waterlines, ►Rodeolines und etwas längere Highlines verwendet. Kommt aber aufgrund seines hohen Gewichts bei den ganz langen bzw. Weltrekord-Slacklines (1 km+) kaum mehr zum Einsatz.

Pulleys   Rollen; oft auch eine Abkürzung für ►Pulley System

Pulley System   Rollenflaschenzug bzw. Seilzug zum Spannen von ►Slacklines

Removable bolt   Bohrhaken mit Drehverschluss, den man nach der Benutzung wieder aus der Wand herausziehen kann.

Rig   Kann vielfältig verwendet werden, z. B. für den gesamten Aufbau einer ►Slackline oder ►Highline, also ►Mainline und ►Backup, sowie sämtliches Ankermaterial zusammen. Beim Fallschirmspringen umfasst das Rig das Gurtzeug, den Container und die Schirme, also alles, was der Springer am Körper hat.

Riggen   Etwas bauen, in der Regel unter Verwendung von Seilen, Bändern, Befestigungsmaterialien und unter der geschickten Nutzung mechanischer Gesetze. Wir verwenden es für das Aufbauen von ►Slacklines, insbesondere ►Highlines, aber auch auch ►Ropejumps. Wird aber auch von Fallschirmwarten und Veranstaltungstechnikern verwendet.

Rigger   Jemand, der etwas aufbaut

Rodeoline   Besonders lockere ►Slackline, die u-förmig zwischen zwei Ankern hängt, ohne jegliche Spannung. In der Regel ist es besonders schwierig, darauf zu stehen, aber hervorragend, um von Seite zu Seite zu schwingen, siehe ▶Surfen.

Ropejump Pendelsprung in ein langes, dynamisches Seil, in der Regel Kletterseil, welches an einer Brücke, ▶Highline, oder Seilbrücke befestigt ist. Die etwas interessantere Alternative zum Bungeejumping.

Ropeswing Wird meist synonym zu ▶Ropejump verwendet, wobei hier die Betonung auf dem Auspendeln liegt. Ein Ropeswing muss nicht zwangsläufig einen freien Fall beinhalten. Im Grunde nichts anderes als eine große Schaukel.

Sackstich Knoten aus dem Kletterbereich, wird meist für zum Befestigen von Bändern und Schlingen an Ankerpunkten verwendet. Ist am Seil eine schlechtere Alternative zum ▶Achterknoten und wird eher zur Sicherung von Material als von Personen verwendet.

Sag Durchhang, Höhenverlust in der Mitte einer langen ▶Slackline bzw. ▶Highline aufgrund ihrer Dehnung

Sanduhr Sanduhrförmiger Griff am Felsen bzw. Loch, durch das man eine Schlinge oder ein Seil durchfädeln kann. Natürliche Möglichkeit, sich beim Klettern ohne Bohrhaken zu sichern.

Schäkel U-förmiger, mit einem Schraub- oder Steckbolzen verschließbarer Bügel zum Verbinden zweier Teile. In der Regel aus Stahl. Beim Slacklinen Standard zur Befestigung der Enden der ▶Slackline mit den Ankerpunkten.

Scramble »Kraxeln«, unwegsames Gelände überwinden, irgendwo zwischen Klettern und Gehen

Seilschaft Zwei oder mehrere Kletterer, die in einer Route an einem gemeinsamen Seil hängen

Send Eine ►Slackline von Anfang bis Ende (abgesehen von der ►No-Fall-Zone) ohne Fallen zu durchlaufen bzw. eine Kletterroute zu durchsteigen. In der Regel das Ziel einer ►Highline-Überquerung. Für Slackliner besonders interessant, wenn eine neue Highline zum ersten Mal begangen wird. »Schafft er/sie den Send?« – »Did you send the line?« Auch ein Weltrekord zählt nur, wenn es ein Send war.

Setup Wird synonym zu ►Rig verwendet, jedoch mit Betonung auf den Slackline-Bändern. Die ►Mainline und das ►Backup einer ►Highline ergeben zusammen das Setup. Für Slackliner besonders interessant, da manche Setups einfacher zu laufen sind als andere (Leichtigkeit, Dehnung, etc.).

Side-Sag Wenn sich eine lange ►Slackline bzw. ►Highline aufgrund von starkem Seitenwind in der Mitte zur Seite wölbt, anstatt wie gewöhnlich nach unten. Ein Indikator für besonders starken Wind ist zum Beispiel, wenn trotz des Eigengewichts des Slackliners, dieser in der Mitte der Line nicht nur unterhalb der direkten Linie zwischen den Ankerpunkten, sondern auch neben dieser befindet. Bei meiner Überquerung der 2.800 Meter langen Highline hatte ich kurz vor meinem ►Leashfall über 50 Meter Sidesag, wurde also vom Wind 50 Meter aus der natürlichen Linie zur Seite geschoben.

Slab Geneigte Platte bzw. Felswand beim Klettern

Slacklife Lifestyle und Mindset eines Vollblutslackliners. Der Begriff wurde von Mr. Slackline himself, Sketchy Andy Lewis, geprägt und steht für alles, was wir am Slacklinen so lieben: Die Freiheit, der Adrenalinrausch, die Natur, die Community, die Parties, das Abenteuer, das Leben im Moment.

Slackline Lockeres Band, auf dem man balanciert. Der rote Faden, der sich durch mein Leben zieht.

Sloper Aufleger, geneigter Griff beim Klettern, der oft besonders viel Kraft bzw. Reibung erfordert.

Softschäkel Schäkel aus ►Dyneema, eine weiche Schlaufe aus Seil, die sich unter Last immer weiter zuzieht.

Standplatz Station am Ende einer Kletterroute oder zwischen zwei Seillängen; in der Regel mit mehreren Bohrhaken abgesichert

Static side Diejenige Seite einer ►Highline, auf der nicht gespannt wird, auf der die ►Slackline nur eingehängt wird, und wo man deshalb weniger riggen muss.

Static tricks Statische Slackline-Tricks, bei denen man statisch bestimmte Positionen einnimmt bzw. Figuren macht, z. B. Double Knee Drop, ►Exposure turn, diverse Yoga-Positionen. Im Gegensatz dazu stehen Dynamische Tricks, Dynamic Tricks, wie ►Butt-Bounce, ►Yoda-Roll, etc.

Stowed Verstaut; ►Basejumping-Technik; eenn der Hilfsschirm in der dafür vorgesehenen Tasche am Container verstaut ist, sodass man beim freien Fall beide Hände frei hat. Beim Skydiving (Fallschirmspringen aus dem Flugzeug) ist dies der Standard. Siehe ►Hand held

Surfen Eine ►Slackline von Seite zu Seite schwingen, mein Lieblingstrick auf der Highline.

Swami Sicherungsvariante beim Highlinen, bei der man anstelle eines Klettergurtes ein dünnes Band, eine Schlinge, oder die ►Leash selber um den Bauch bindet, sodass ein Absturz zwar nicht zum Tod, aber zu großen Schmerzen bis gar Verletzungen führen würde. Eine Art Vorstufe zum ►Free Solo, bei der man aber keineswegs fallen sollte.

Tagline   Schnur bzw. Seil (in der Regel dünner und leichter als ein normales Kletter- oder Statikseil), mit dessen Hilfe man die ►Slackline über eine Schlucht oder von einem Anker zum anderen zieht.

Tapen   ►Mainline und ►Backup mit Klebeband alle paar Meter aneinander kleben, damit das Setup einheitlich schwingt, man nicht über das Backup stolpert, und der ►Leashring sauber mitrutschen kann.

Tension   Spannung, spannen

Tensioning side   Diejenige Seite einer ►Highline, auf der gespannt wird, in der Regel mit ►Weblock und/oder Flaschenzug, und auf der man deshalb mehr zu ►riggen hat.

Tight   Gegenteil von ►lose, fest gespannt

Trickline   ►Slackline, in der Regel mit fünf Zentimeter doppelt so breit wie eine ►Highline oder Longline, die so fest gespannt ist, dass man darauf akrobatische Tricks und Sprünge machen kann wie auf einem Trampolin.

Waterline   ►Slackline über Wasser

Webbing   Slacklineband

Weblock   Bandklemme, an der das Slackline-Band befestigt wird bzw. sich selbst abklemmt; kann auch zum Spannen verwendet werden

Whipper   Sturz in die ►Leash

Yoda-roll   ►Bouncetrick, bei der man im ►Exposure turn stehend mit beiden Händen die Line greift, und einen Vorwärtssalto um diese herum macht.

Die wohl unterhaltsamste Pilgerreise der letzten Jahre

Johannes Thon
Der Rucksack war nie mein Zuhause
Wahrheiten und andere Irrtümer
meines Jakobsweges

🔖 ISBN 978-3-95889-461-7

🌐 www.conbook-verlag.de/buecher/
der-rucksack-war-nie-mein-zuhause

Mit viel Wortwitz und Selbstironie nimmt Sie Johannes Thon mit auf die wohl unterhaltsamste Pilgerreise der letzten Jahre.

Johannes hat es vermasselt: Der Job ist weg, seine Lebenspläne sind verworfen und auch die Beziehung ist soeben zu Ende gegangen. Irgendetwas muss sich ändern, denkt er und nimmt die Gardinenstange von der Wand. Mit seinem kläglichen Versuch eines Wanderstabs sitzt er kurz darauf im Zug in Richtung Spanien. Für ihn scheint es nur allzu logisch, jetzt erst einmal 1.400 Kilometer zwischen sich und alles andere zu bekommen und dann sicherheitshalber weitere 1.000 Kilometer zu laufen.

Doch auf dem Camino del Norte, einem dieser bedeutungsaufgeladenen Jakobswege, wartet statt des Selbstfindungs-Crashkurses das Pilger-Karussell auf ihn: essen, rennen, schlafen. War es im Alltag nicht genauso gewesen?

Als er dann einem besonderen Menschen begegnet, beginnt für ihn die wahre Reise und seine Suche nach dem »Wie«: Wie gehe ich einen Weg?

Bildstarke Geschichten des Bestseller-Autors

Der Bildband zum Megaseller »Die geilste Lücke im Lebenslauf«

NICK MARTIN
GEILSTE LÜCKE IM LEBENSLAUF

The Next Level: **Meine Reiseabenteuer in bildgewaltiger Form**

SPIEGEL Bestseller-Autor

CON BOOK.

Nick Martin
Die geilste Lücke im Lebenslauf – The Next Level
Meine Reiseabenteuer in bildgewaltiger Form

- ⓘ Großes Bildbandformat mit über 700 Bildern und über 5 Stunden Audiokommentaren von Nick
- 📖 ISBN 978-3-95889-460-0
- 🌐 www.conbook-verlag.de/buecher/ die-geilste-luecke-im-lebenslauf-the-next-level

Nicht erst seit seinen erfolgreichen Erzählungen ist Nick Martin eine feste Größe im Reisekosmos. Seit über 10 Jahren bereist er die Welt und lässt seine Fans und Mitmenschen humorvoll und sympathisch an seinen Abenteuern teilhaben.

In *The Next Level* geht er nun noch einen Schritt weiter und dokumentiert in über 700 Fotos seine bekannten und neuen Reisegeschichten auf besonders beeindruckende Weise.

Entdecken Sie grandiose Landschaften, skurrile Momentaufnahmen und spannende Storys in diesem einmaligen Bildband des Profi-Abenteurers. Lassen Sie sich begeistern von exotischen Orten, herzlichen Menschen und den vielen kleinen und großen Wundern, die einem auf Reisen begegnen.

Machen Sie sich bereit für *The Next Level*.

- ★ Beeindruckender geht es nicht: über 700 Fotos des sympathischen Weltenbummlers

- ★ Viele neue Geschichten, viele neue Einblicke

- ★ Über 5 Stunden per QR-Code abrufbare Audiokommentare von Nick

CON BOOK.

Das Buch zum erfolgreichen Reisepodcast »Welttournee«

Adrian Klie und Christoph Streicher
Auf Welttournee
Zwei Freunde, 120 Länder,
ein Buch voller Erlebnisse

🆔 ISBN 978-3-95889-459-4

🌐 www.conbook-verlag.de/buecher/
auf-welttournee

**Work hard, travel harder:
Das Buch für Weltentdecker
trotz Vollzeitjob**

Nicht immer geht alles glatt auf Reisen, das wissen Adrian und Christoph nur zu gut. In humorvollen Anekdoten erzählen die beiden Freunde und Podcast-Hosts (»Welttournee – der Reisepodcast«), wie sie die Welt auf ihre ganz eigene Art entdecken. Das Besondere: Adrian und Christoph sind keine Reiseblogger oder Aussteiger. Sie haben Vollzeitjobs und wollen mit ihren 30 Urlaubstagen so viel wie möglich erleben.

Wie sie das anstellen und was sie dabei in über 120 bereisten Ländern alles erlebt haben, verraten sie in diesem Buch – und berichten von großen und kleinen Katastrophen, einmaligen Begegnungen und kuriosen Fortbewegungsmitteln.

Kurzum: Die besten Geschichten einer Männerfreundschaft, die mit jedem Stempel im Pass noch eine Spur besser wird.